UN PROGRAMA PARA TÍ

Una Guía
Diseñada
del Libro Grande*

Hazelden

---

*LIBRO GRANDE es marca registrada de Alcoholics Anonymous World Services, Inc.; utilizado aquí con el permiso de AAWS.

Los Materiales Educativos de Hazelden ofrecen una gran variedad de información sobre la químico-dependencia y otros temas relacionados con ella. Nuestras publicaciones no necesariamente son representativas de los programas de Hazelden, ni son portavoces oficiales de alguna organización de Doce Pasos.

Los Doce Pasos y las Doce Tradiciones fueron reimpresos y adaptados bajo el permiso de Alcoholics Anonymous World Services, Inc. Este permiso no implica que Alcoholics Anonymous haya revisado o aprobado el contenido de esta publicación, ni tampoco quiere decir que A.A. esté de acuerdo con los puntos de vista expresados en este libro. Estos puntos de vista pertenecen tan sólo a los autores. A.A. es un programa de recuperación del alcoholismo. El uso de los Doce Pasos para programas y actividades que han seguido el patrón establecido por A.A., pero que van dirigidos a otros problemas, no implica lo contrario.

Manteniendo el respeto hacia cada individuo, sin importar su género, los autores han alternado algunas referencias en este libro, intercambiando "él" por "ella" y viceversa, en los ejemplos utilizados. Los autores creen que los problemas de químico-dependencia no tienen límites con respecto al género sexual, raza, color o religión.

---

*Este copyright no comprende las presentaciones realizadas por los autores, ni el material audiovisual de esas presentaciones hecho con el fin de propagar información, no lucro, ni cualquier adaptación de esta información que ya ha sido producida por la Kelly Foundation.

Contenido

Introducción —
cómo puede ayudar
este libro

Alcóhólicos Anónimos, más frecuentemente llamado el Libro Grande, fue publicado por primera vez en 1939. Desde entonces, ha vendido millones de copias alrededor del mundo y, por más de seis décadas, ha ayudado a millones de personas a recuperarse del alcoholismo. Los dos autores de este libro creemos firmemente que no existen mejores herramientas para la recuperación, que las que el Libro Grande y los Doce Pasos contenidos en él, ofrecen y describen. Esto es una verdad en nuestras propias vidas, así como en las vidas de los miles de alcohólicos que hemos conocido y con quienes hemos conversado durante las últimas tres décadas. También hemos sabido de miles de personas, con otras adicciones y comportamientos compulsivos, que han encontrado que estas mismas herramientas pueden cambiar sus vidas.

No es difícil leer el Libro Grande; está escrito en lenguaje común y corriente y cada palabra contenida en él es práctica y sencilla. No es un libro teórico o filosófico. Ofrece, paso a paso, un enfoque claro para tu recuperación. Te permite entender el problema de la adicción al alcohol real y completamente; te muestra como implementar esa solución en tu propia vida, por medio del programa de acción de Doce Pasos que describe.

Aun cuando el Libro Grande es fácil de entender y de seguir desde la primera hasta la última página, hemos encontrado que muchos lo han malinterpretado y hacen mal uso de él. Algunos simplemente hojean partes del libro, o bien las saltan por completo. Otros comienzan a leerlo desde la mitad, en vez de leerlo desde el principio. Algunos pasan por alto o ignoran cualquiera de los Doce Pasos. Otros no leen el Libro Grande cuidadosamente y entienden mal o malinterpretan lo que los autores están diciendo. Asimismo, otras personas aportan todo tipo de ideas que no existen en el Libro Grande. Y algunos otros miembros de la comunidad de Alcohólicos Anónimos y de otros programas de Doce Pasos, jamás han leído el Libro Grande. Nos parece extraño que la comunidad de A.A., conforme ha ido creciendo, se haya alejado de aquello con lo que comenzó. Sin embargo, durante los últimos años hemos visto una tendencia de regresar al Libro Grande. Queremos ayudar para que esa tendencia continúe.

Hemos escrito este libro por dos razones: primero, para ayudar a las personas a obtener del Libro Grande todo lo que, en nuestra opinión, fue la intención de sus autores; segundo, para propiciar un regreso hacia lo que creemos que el Libro Grande hace por todos los que nos encontramos en recuperación. Debido a la guía del Libro Grande y a la gracia del Poder Superior que hemos encontrado por medio de él, a ninguno de nosotros dos nos ha parecido necesario tomar una copa por más de veinte años. Queremos ayudarte a comprender, por tí mismo, lo que realmente dice, significa y te puede ofrecer el Libro Grande. No importa que seas miembro de la comunidad de A.A. (o de otro grupo de recuperación de Doce Pasos) desde hace treinta años, o desde hace dos semanas, o que no seas miembro de ninguno – el Libro Grande puede mejorar tu vida y tu recuperación. Hemos estudiado y hablado sobre el Libro Grande durante nuestros años de sobriedad y ya lo hemos leído docenas de veces. Pero cada vez que lo hacemos, obtenemos aún más de él.

Tú puedes usar *Un Programa Para Tí* a solas o como parte de un grupo que estudie el Libro Grande. Todo lo que se requiere para comenzar un grupo de estudio es dos o más personas interesadas en hacerlo, una copia del Libro Grande y una copia de *Un Programa para Tí*.

Idealmente, nos gustaría que leyeras *Alcohólicos Anónimos* de principio a fin, o por lo menos hasta la pagina 151, antes de utilizar nuestro libro. Sin embargo, si así lo prefieres, puedes leer un capítulo o una sección del Libro Grande a la vez, conforme vayamos examinándolo contigo. *Pero es absolutamente esencial que, en un momento dado, obtengas una copia del Libro Grande y lo leas cuidadosamente desde el principio hasta por lo menos la página 151. Queremos*

ayudarte a comprender el Libro Grande más concienzudamente – ¡no queremos reemplazarlo!. Asegúrate de leerlo
en la misma secuencia en la que fue escrito y no pases por
alto ninguna sección de él. El Libro Grande fue escrito en
una forma específica, y, para que saques el mayor prove-
cho de él, es necesario que lo utilices adecuadamente.
Cuando hagamos referencia a alguna sección o pasaje
del Libro Grande, indicaremos el capítulo, las páginas y
(cuando sea necesario) las líneas sobre las que estamos hablando.*

De hecho *Un Programa Para Tí* comenzó, no como un
libro, sino como un taller de trabajo, y antes de eso, como
un grupo de estudio. Ambos teníamos interés en estudiar
el Libro Grande durante muchos años y, cuando nos
conocimos en 1973, decidimos reunirnos regularmente
para estudiarlo. Al paso del tiempo, otras personas
comenzaron a preguntar si les sería posible unirse a nosotros; respondimos que por supuesto, y poco tiempo
después ya se había formado un grupo. Ese grupo con-
tinuó creciendo, la gente empezó a oir hablar de nosotros
y, en 1977, un compañero en Oklahoma nos invitó a hablar en su grupo de Alcohólicos Anónimos. Así lo hicimos,
y él grabó nuestra plática. Al poco tiempo, copias de esa
cinta se difundieron por todo el país.

Poco tiempo después, se nos pidió hacer talleres de
trabajo sobre el Libro Grande. Hemos llevado a cabo cientos de ellos, – en la mayoría de las ciudades de los Estados
Unidos y en muchas otras partes del mundo.

Ambos somos miembros de la comunidad de Alcohólicos Anónimos, pero al escribir este libro tan sólo estamos
expresando nuestra opinión. No nos consideramos como
los gurús del Libro Grande, ni proclamamos ser expertos
en nada. Tan sólo somos un par de viejos alcohólicos que

---

*Las referencias hechas del Libro Grande también se encuentran escri-
tas en los márgenes junto al texto donde se encuentran descritas las secciones o pasajes del mismo. Estas referencias utilizan las siguientes
abreviaturas: "pag." significa *página*, y "pags." es *páginas*; "lin." significa *línea* y "lins." es *líneas*. Por ejemplo, la referencia "pag. 14, lins.
9-21" significa página 14 del Libro Grande, lineas 9-21 de la página 14.
Todas las referencias se encuentran en la versión en español de la tercera edición del Libro Grande en inglés.

han estudiado el Libro Grande durante mucho tiempo y que quieren compartir con otras personas lo que han aprendido. Siéntete con la libertad de estar de acuerdo o en desacuerdo con cualquier cosa que leas en este libro. De hecho, recomendamos que no prestes atención a cualquier cosa que digamos que no pueda encontrarse en el Libro *Alcohólicos Anónimos*, ya que nuestro propósito consiste en ayudarte a entender ese libro mejor.

Cuanto más entiendas el Libro Grande, más te podrá ayudar en tu recuperación. Esperamos que *Un Programa Para Tí* te muestre lo útil que puede ser el Libro Grande. Creemos que el Libro Grande puede cambiar tu vida tan dramáticamente como lo hizo con las nuestras.

—LOS AUTORES

CAPÍTULO UNO

Cómo comenzó todo

Para realmente entender el Libro Grande – cómo funciona, cómo puede transformar nuestras vidas y cómo usarlo como un programa, paso a paso, para la recuperación – necesitamos conocer su historia. Examinemos ahora, detalladamente, algunas de las personas y los eventos que condujeron a la publicación del mismo.

Bill W. y el Dr. Silkworth

Todo comenzó en Akron, Ohio, en junio de 1935, durante una plática entre Bill W., un corredor y especulador de bolsa, y el Dr. Bob, un médico de Akron. Ambos eran alcohólicos. El Dr. Bob aún tenía graves problemas con el alcohol, pero Bill había dejado de beber seis meses antes. Se había visto liberado de su obsesión por el alcohol por medio de una repentina experiencia espiritual, que ocurrió después de tener una junta con su amigo, Ebbie T., quien había estado en contacto con los Grupos Oxford de aquel entonces. Los Grupos Oxford estaban formados por personas que buscaban practicar el Cristianismo del primer siglo, utilizando su fe para sobreponerse a cualquier problema que tuviesen. Bill W. también había recibido gran ayuda del Dr. William D. Silkworth, un especialista en alcoholismo de Nueva York, quien ahora es considerado como un médico santo por muchos miembros de Alcohólicos Anónimos. Los relatos del Dr. Silkworth se encuentran entre las páginas xiii y xix del Libro Grande. Así como les sucede a la mayoría de los alcohólicos, Bill W. no había tenido la menor idea de lo que le ocurría. Pensaba que sufría de una fuerza de voluntad debilitada o de

pags. xiii-xix

falta de moral. También pensaba que quizás la raíz de su problema provenía de un pecado – eso es algo que la gente le había estado diciendo por muchos años. Pero cuando Bill W. y el Dr. Silkworth se encontraron, el doctor le explicó que él pensaba que, en realidad, el alcoholismo era una enfermedad – una enfermedad doble, tanto del cuerpo como de la mente. Explicó que Bill W. era alérgico al alcohol y que cuando Bill bebía una copa, ésta le producía un imperioso deseo físico de beber aún más alcohol. Esto ocasionaba que a Bill W. le fuese virtualmente imposible dejar de beber, una vez que hubiese comenzado a hacerlo.

El Dr. Silkworth también le explicó a Bill, cómo funcionaba la obsesión por el alcohol en los alcohólicos. Bill no podía deshacerse de la idea de que, algún día, podría llegar a tomar una copa como las demás personas. Pero, de hecho, él nunca iba a ser capaz de beber como los no-alcohólicos. Aún así, la esperanza y la idea de que podría lograrlo eran tan fuertes en Bill que, no importando lo mucho que deseara dejar de beber, su mente siempre lo llevaría a la idea de beber una copa, y el creería que podría beber esa copa y ser capaz de parar. Por lo tanto, bebía una copa, esa copa disparaba la alergia, y ya no podía dejar de beber.

La experiencia de recuperación de Ebbie T.

Bill W. fue afortunado en dos formas. Primero, es posible que haya sido uno de los iniciales alcohólicos que verdaderamente entendieron cuál era su problema. Segundo, tuvo la suerte de entrar en contacto con alguien de los Grupos Oxford, Ebbie T., quien le mostró a Bill una manera de sobreponerse a su enfermedad. Ebbie, un viejo amigo de copas de Bill, había sido alcohólico por muchos años. De hecho, los médicos lo habían declarado incurable y había estado a punto de ser encerrado por locura alcohólica. Pero entonces Ebbie tuvo una experiencia espiritual vital que le cambió la vida. Como resultado de ello, estaba sobrio.

Ebbie le dijo a Bill W. que una experiencia espiritual como la que él había tenido, sería la solución para su problema de adicción al alcohol.

Ebbie le dió a Bill una serie de pasos y guías de los Grupos Oxford, que comprendía un programa práctico de recuperación. Probablemente le dijo a Bill algo como: "Si puedes aplicar este programa a tu vida, tener una experiencia espiritual propia y encontrar un Poder Superior a cualquier poder humano, podrás recuperarte de la enfermedad del alcoholismo".

Por lo tanto, Bill W. aprendió tres cosas distintas al mismo tiempo: (1) el Dr. Silkworth le dió una descripción acertada de su problema; (2) Ebbie le enseñó la solución a su problema; (3) obtuvo un programa práctico de acción de los Grupos Oxford, por medio de Ebbie. Probablemente fue el primer ser humano que aprendió esas tres cosas juntas.

El despertar y la recuperación de Bill W.

Bill W. tuvo su propio despertar espiritual en noviembre de 1934, poco tiempo después de su encuentro con Ebbie. A esto se le llegó a conocer como el "relámpago blanco" de Bill, debido a que fue una experiencia repentina y dramática – un torrente de luz que le trajo una gran paz y que confirmó la presencia de Dios en su vida.

pag. 14
lins.
10-15

Bill W. no podía aceptar todos los principios de los Grupos Oxford, pero estaba convencido de que las siguientes cinco cosas eran necesarias: (1) un inventario moral personal; (2) la confesión de sus defectos de carácter; (3) restitución a aquellos a quienes había dañado por su alcoholismo; (4) seguir ayudando a otros; y, aún más importante, (5) la creencia y dependencia en un Poder Superior.

Después de su despertar, Bill W. trabajó mucho ayudando a otros alcohólicos en la ciudad de Nueva York. Sentía que solamente un alcohólico podía ayudar a otro alcohólico; sin embargo, aunque él seguía estando sobrio, no logró ayudar a nadie a romper la adicción al alcohol. Seguramente estaba arrancando personas de sus sillas en los bares, hablándoles en las alcantarillas y encontrando alcohólicos donde le fuese posible. Pero ninguno de ellos respondió a lo que él les ofrecía.

7

Un día, al estar hablando con otro alcohólico en un hospital, se volvió a topar con el Dr. Silkworth. Es posible que su conversación hubiera sido así: "Doctor" – dijo Bill – "he estado tratando de dar lo que yo recibí y parece que nadie lo quiere". El doctor le dijo: "Bill, probablemente estás tratando de embutirles ese relámpago blanco, que tuviste, en sus gargantas. Eso no funciona. Si tratas de embutir cualquier cosa en la garganta de un alcohólico, cada vez que lo hagas lo vomitará. Lo que necesitas hacer es decirles exactamente cuál es su problema. Diles lo que yo te dije. Explícales cuál es la naturaleza de su problema, así como los componentes mentales y físicos de su enfermedad. Todos los alcohólicos que conozco desean saber dos cosas: (1) *¿Por qué no puedo beber como solía hacerlo antes, sin emborracharme?* y (2) *¿Por qué no puedo dejar de beber, ahora que quiero hacerlo?* Si puedes darles una respuesta a esas dos preguntas, capturarás su atención. Entonces podrás hablarles sobre una recuperación espiritual. Pero no les des la espiritualidad primero, porque te ignorarán cada vez que lo hagas".

Comienza la comunidad

Para entonces ya eran mediados de 1935. No pensamos que haya sido accidental el hecho de que Bill W. haya entrado en contacto con el Dr. Bob en Akron, inmediatamente después de su conversación con el Dr. Silkworth. Se estaba llevando a cabo una lucha de poder en una compañía cuya base se encontraba en Akron y, si resultaban las cosas como Bill esperaba, él se convertiría en presidente de ella. Sin embargo, desafortunadamente para Bill, el trato falló.

Por lo tanto, imagínate lo siguiente: Bill W. estaba parado en la recepción del Hotel Mayflower en Akron, contando su dinero, cuando se dió cuenta de que ni siquiera le alcanzaba para pagar su cuenta del hotel. Se sentía muy triste y deprimido. Distraidamente, se asomó por la puerta que conducía al bar del hotel. Al igual que en todos los bares, la luz seguramente era ténue; se escuchaba música; el humo era denso; y la gente reía. Es probable que Bill se hubiera dicho a sí mismo: "Entraré a tomar una soda y me sentiré mejor. No beberé alcohol, pero por lo menos estaré con personas como yo". Pero al comenzar a pasar por esa puerta, debió haber escuchado sus pensamientos: "No puedes hacer eso; si entras ahí, te emborracharás". Bill se dió cuenta de que necesitaría ayuda para mantenerse sobrio.

Por medio de una serie de llamadas telefónicas, Bill entró en contacto con el Dr. Bob. El Dr. Bob había intentado repetidamente resolver su dilema alcohólico a través de medios espirituales, pero había fallado. Bill quedó asombrado al enterarse de que el Dr. Bob había estado asistiendo a los Grupos Oxford desde hacía algún tiempo, tratando de aplicar ese programa en su vida, pero había sido incapaz de hacerlo tan profundamente como lo hubiera deseado, porque no entendía lo que le ocurría. Aún pensaba que el problema radicaba en su débil fuerza de voluntad, falta de carácter moral o en un pecado. Ese era su problema, según lo que le había dicho todo el mundo. Pero cuando Bill W. le dió la descripción de la enfermedad del alcoholismo que le había dado el Dr. Silkworth, comenzó a buscar el remedio espiritual para su enfermedad, con una voluntad que jamás había tenido.

Es posible que ese haya sido uno de los primeros milagros de Alcohólicos Anónimos. Imagínate esto: un especulador viejo, abatido y manipulador, de la ciudad de Nueva York, se sienta con un médico bien entrenado y le dice a ese médico lo que le pasa a su cuerpo y a su mente – y el médico no sólo le escucha, sino que ¡le cree! Nos parece que normalmente cualquier doctor le habría respondido: "¿Quién demonios eres tú para decirme lo que le pasa a mi mente y a mi cuerpo?" Pero el mensaje de Bill W. era tan profundo e interesante, que el Dr. Bob lo aceptó casi de inmediato.

El Dr. Bob empezó a aplicar el programa en su propia vida. Se emborrachó una vez más, pero después adquirió sobriedad y nunca volvió a beber hasta su muerte, en 1950. Esto parece mostrar que un alcohólico pudo ayudar a otro de una manera en la que un no-alcohólico no lo hubiese podido hacer. Este es uno de los principios básicos de A.A. y es una de las razones básicas por la que escribimos este libro. Debido a que nosotros también somos alcohólicos, sabemos como se siente al estar en tú situación y podemos entender y ayudarte de una forma en que otras personas no pueden hacerlo. De ahí que Bill W. y el Dr. Bob se dedicaran, casi frenéticamente, a ayudar a alcohólicos en el hospital de la ciudad de Akron. Su primer caso, un hombre llamado Bill D., era desesperado, pero se recuperó inmediatamente y se convirtió en el tercer miembro de A.A.. Bill W. y el Dr. Bob le dijeron tres cosas a Bill D.: (1) Le dijeron cuál era su verdadero problema – algo que nadie antes le había dicho. (2) Le dijeron que la solución a su problema consistiría en una vital experiencia espiritual. (3) Y le hablaron sobre el programa práctico de acción que ambos habían utilizado para recuperarse. Luego le dijeron a Bill D.: "Tú puedes lograrlo también, si así lo deseas".

Uno o dos días después, Bill D. le dijo a su esposa, "Saca mi ropa del armario. Me voy a casa". Salió del hospital, aplicó el programa en su vida, adquirió sobriedad y nunca más volvió a beber, por el resto de su vida.

Así es que, en el verano de 1935 en Akron, Ohio, había tres personas que sabían tres cosas: (1) cuál era el problema, (2) cuál era la solución y (3) cuál era el programa práctico para adquirir esa solución.

El crecimiento inicial y los planes de A.A.

Bill W. se quedó en Akron durante un tiempo y, junto con el Dr. Bob, siguió trabajando con los alcohólicos que se encontraban en el hospital de esa ciudad. Hubo muchos fracasos, pero en ocasiones también hubo éxitos. Asimismo, un pequeño grupo de personas que se estaban recuperando habían formado un grupo. Este conjunto de borrachos sin nombre fue en realidad el primer grupo de A.A., aunque aún no le habían puesto el nombre de Alcohólicos Anónimos.

Durante el otoño de 1935, Bill W. regresó a Nueva York, llevando consigo su conocimiento del problema, su solución y un programa práctico de acción. Para 1937, un segundo grupo pequeño se había formado en Nueva York. Además de eso, algunos alcohólicos que habían adquirido las ideas básicas de A.A. en Akron o en Nueva York estaban tratando de formar grupos similares en otras ciudades.

Ese año Bill W. regresó a Akron para intentar, por segunda vez, apoderarse de la misma companía – fue algo que jamás logró hacer. Al estar ahí, fue a una junta con el Dr. Bob. Ambos hicieron sus cuentas y se percataron de que había casi cuarenta alcohólicos manteniéndose sobrios en Akron y en Nueva York. Comenzaron a pensar: *Quizás tenemos algo aquí que puede funcionar para muchas personas. ¿Cómo podremos llevar el mensaje a otros alcohólicos?* Decidieron llevar a cabo otra junta esa misma noche para intentar buscar una respuesta a esta pregunta. Asistieron dieciocho personas y pusieron a votación lo que deberían hacer. Por un margen pequeño, el grupo eligió hacer tres cosas. Las primeras dos eran el tipo de ideas grandiosas que podían esperarse de un grupo de alcohólicos que no contaba siquiera con un centavo extra entre todos ellos: Querían abrir una cadena de hospitales alrededor del país para tratar alcohólicos. Creían que así podrían contratar, entrenar y pagarle a un grupo de misioneros para llevar su mensaje. Por supuesto, nunca se llevaron a cabo estas dos ideas.

La tercera cosa que decidieron hacer consistió en escribir un libro.

Se escribe el Libro Grande

Para entonces, ya se había formado bastante bien un programa de A.A. Tenían la idea de cuál era el problema, la solución y el programa práctico de acción. Pero todo esto se estaba transmitiendo de una persona a otra, completamente de boca en boca, y eso preocupaba a algunas personas.

Tú sabes como somos los alcohólicos: Comenzamos a añadir cosas a algo que escuchamos, e interpretamos otras según nos convenga en ese momento. El grupo de Akron sintió que, si el mensaje no estaba escrito, sería difícil conservarlo de una manera acertada. También sintieron que el libro que escribirían sería el primer libro definitivo sobre el alcoholismo. Esperaban que ese libro se vendiera mucho, y así poder recaudar fondos para construir sus hospitales y para poder pagarles a sus misioneros.

Al principio, las personas del grupo decidieron que querían que Bill W. escribiera el libro. Dijeron algo como:

"Bill, eres tú quien comenzó todo esto. Has estado sobrio más tiempo que el resto de nosotros y sabes más sobre este programa de recuperación que nosotros. Queremos que lo escribas en la misma secuencia con que lo aprendimos, y también queremos que incluyas en él la misma información que tuvimos que aprender". Pero quizás también le dijeron a Bill: "Sin embargo, no queremos que sea tu libro; tiene que ser nuestro libro. Conforme lo vayas escribiendo queremos ver cada capítulo, y cambiaremos las cosas, según nos parezca. De esa manera, cuando lo hayamos terminado, contendrá el conocimiento y la experiencia colectiva de todos nosotros, no de una sola persona". Bill estuvo de acuerdo y comenzó el trabajo.

Llevó dos años escribir el libro, cuyo título fue *Alcohólicos Anónimos*. Para cuando se terminó, en 1939, la membresía en los grupos había alcanzado aproximadamente cien, entre hombres y mujeres. La agrupación, que hasta ese momento había carecido de un nombre, también fue llamada Alcohólicos Anónimos, debido al título de su libro.

El libro *Alcohólicos Anónimos*, que ahora muchos de nosotros simplemente llamamos el Libro Grande, se convirtió, después de haber tenido un inicio vacilante, en un éxito mucho mayor de lo que hubiesen podido esperar los primeros miembros de A.A. Se han vendido millones de copias, se ha reimpreso docenas de veces y se ha traducido a muchos otros idiomas.

Existe otro dato particularmente interesante sobre el libro: se ha mantenido casi sin cambio alguno desde su primera edición en 1939. La primera porción del Libro Grande, que describe detalladamente el programa de recuperación de A.A., no se ha alterado durante mas de cincuenta años.* Existe una muy buena razón para ello: El

---

Debido a que *Alcohólicos Anónimos* fue publicado en 1939, cuando el pronombre genérico masculino incluía a las mujeres, en ocasiones el lenguaje contenido en el Libro Grande parece excluirlas. Esta no fue una intención consciente. Las sugerencias y principios del Libro Grande se aplican a todos los alcohólicos. La mayoría de las mujeres que han llegado a A.A. y a otros programas de Doce Pasos han sido capaces de pasar por alto estas costumbres arcaicas y han descubierto la verdad que en dicho programa se encuentra.

—EDITOR

programa que describe, funciona y ha funcionado para millones de personas alrededor del mundo, año tras año.

Ahora sabes algo sobre cómo llegaron a crearse, la organización de Alcohólicos Anónimos y el libro que lleva ese mismo nombre. En los siguientes capítulos, te mostraremos como el Libro Grande ofrece una secuencia clara, paso por paso, para resolver tu propio problema de alcohol o de otra adicción. También te mostraremos cómo y por qué es tan importante seguir esa secuencia completa.

CAPÍTULO DOS

Utilizando el Libro Grande correctamente

Siguiendo el Programa de Acción del Libro Grande

Cuando el Libro Grande fue publicado por primera vez en 1939, las personas en la comunidad de A.A. practicaban y trabajaban el programa de recuperación contenido en él. Lo que el libro decía y lo que los miembros de A.A. hacían era una misma cosa.

Durante los últimos cincuenta y cinco años, el Libro Grande ha cambiado muy poco, y sus secciones más importantes se han mantenido exactamente iguales. Sin embargo, la comunidad de A.A. y las demás comunidades de Doce Pasos que han surgido, han cambiado mucho. Hemos traido a ellas tantas cosas, le hemos agregado tanto al programa, diluyéndolo en tal forma que en ocasiones se parece muy poco al programa de Doce Pasos contenido en el Libro Grande. Pensamos que esto es un grave error.

Hemos escuchado que hoy en día, en algunas juntas, se les dice a las personas, "Si asistes a juntas durante noventa días y no bebes, estarás bien". Pero eso no es lo que dice el Libro Grande. Puedes leerlo desde el principio hasta el final y no encontrarás ese mensaje en ninguna de sus páginas.

En la comunidad de A.A. y en otros grupos de auto-ayuda de Doce Pasos, la gente encuentra mucha de su fortaleza al compartir y al ayudar a otros. Pensamos que esto tiene un gran valor. Pero hace algunos años, algunas personas descubrieron que podían mantenerse sobrias con tan sólo formar parte de la comunidad, sin realmente tra-

él. La mitad de todos los alcohólicos que llegaron a A.A., e hicieron el intento serio y sincero de recuperarse adquirió sobriedad de manera inmediata y se mantuvo así. Otro 25 por ciento adquirió sobriedad en forma más lenta.

Así es que, al principio, cuando el programa de la comunidad y el programa del Libro Grande eran uno mismo, se calcula que un 75 por ciento de las personas que utilizaron el programa de Doce Pasos y realmente trataron de recuperarse de la enfermedad de alcoholismo lo logró. Nos preguntamos cuál es el porcentaje hoy en día. Tenemos serias dudas de que llegue siquiera a un 50 por ciento y, mucho menos, a un 75 por ciento.

No pensamos que los borrachos de hoy sean muy distintos a aquellos de 1939 y, por supuesto, el alcohol sigue siendo igual al que existía en 1939. El Libro Grande tampoco ha cambiado mucho desde aquellos días en que probablemente el 75 por ciento de todas las personas que lo leían y seguían su programa de Doce Pasos, se recuperaban de la enfermedad del alcoholismo. Lo único que en realidad ha cambiado es la comunidad.

Creemos que este es el gran problema que existe en muchas de las juntas de A.A. en la actualidad. Es un problema serio, porque menos personas se están recuperando de su enfermedad. Por una parte, hemos escrito este libro para explicar cómo y por qué pensamos que la comunidad se ha metido en problemas – pero más que nada queremos señalar el camino de regreso al Libro Grande. Esperamos mostrarte en qué forma el programa que ofrece te puede ayudar a recuperarte de tu adicción al alcohol (creemos que también a otras drogas y a otros comportamientos adictivos) y a utilizar ese programa de la manera más eficaz.

Veteranos y novatos

Según nuestro punto de vista, parte del problema tiene que ver con las diferencias que existen, entre algunos de los nuevos miembros de la comunidad, y los veteranos que han pertenecido a ella desde hace muchos años. Por supuesto que siempre se unen nuevas personas a la comunidad, y estamos contentos de que lo hagan. Sin embargo, muchas de ellas usan un lenguaje y una terminología, a los que no están habituados los veteranos. Eso no es culpa de nadie – pero lo que sucede es que algunos de los veteranos comienzan a decir, "No nos sentimos identificados con estas personas. Estamos cansados de escuchar lo que tienen que decir, así es que permaneceremos en casa". El problema consiste en que cuando los veteranos permanecen en casa, renuncian a su responsabilidad de llevar el mensaje a otros alcohólicos, como lo explica el Paso Doce. Entonces, las juntas se encuentran dirigidas por los novatos, que son los más enfermos de los enfermos.

En vez de permanecer en casa, los veteranos necesitan seguir asistiendo a juntas y decirles a los novatos, "Mira, sabemos que todo lo que aprendiste es importante para tí y no te estamos diciendo que esté equivocado, pero esto es de lo que hablamos en A.A.". Y entonces, los veteranos deben hablar sobre los Doce Pasos y sobre cómo funciona el programa. Necesitan entrenar a los novatos en los principios básicos y en el lenguaje de A.A., para mantener a las juntas de la comunidad en la trayectoria correcta. Cuando una junta comienza a alejarse de los Doce Pasos y del programa, el trabajo de los veteranos consiste en acercarla de nuevo.

Hoy en día existen personas en A.A. – incluidas algunas que han pertenecido a la comunidad por meses o años – que nunca han leído completamente el Libro Grande, o ni siquiera una gran parte de él. Pensamos que eso es un error. Para la mayoría de los alcohólicos, leer el Libro Grande, es una parte esencial de su recuperación; no es nada más un suplemento para las juntas de A.A. *Si en verdad deseas recuperarte de la enfermedad del alcoholismo, enfáticamente sugerimos que leas el Libro Grande de principio a fin. De hecho, sugerimos que lo hagas cuanto antes. Si aún no has leído el Libro Grande, por favor haz a un lado nuestro libro ahora mismo y comienza a leer el Libro Grande de inmediato.*

Ahora sabes cómo se escribió el Libro Grande y la importancia que pensamos que tiene para tu recuperación. A continuación, examinaremos más de cerca el problema central que compartimos nosotros, los alcohólicos. El Libro Grande explica este problema claramente y en gran detalle. Después, examinaremos las soluciones prácticas, paso a paso, que el Libro Grande nos ofrece para sobreponernos a este problema y las formas de poner a trabajar esas soluciones en tu propia vida.

CAPÍTULO TRES

Entendiendo el problema

Lo primero que debes hacer para resolver un problema es averiguar cuál es el problema. Esto suena sencillo de hacer, pero a menudo no lo es. Para encontrar una verdadera y duradera solución, tienes que entender completamente el problema y saber exactamente cuál es. No podrás resolver tu problema hasta tener esta información. Si hay una gotera en tu techo, no podrás taparla hasta que encuentres el agujero.

Normalmente, cuando tienes un problema, puedes consultar a un profesional – un doctor, un dentista, un mecánico automotriz – y esa persona puede averiguar cuál es tu problema y decírtelo. Sin embargo, el alcoholismo y la adicción a otras drogas son las únicas enfermedades donde el o la paciente tiene que hacer su propio diagnóstico. De nada sirve que un doctor te diga: "Eres impotente ante el alcohol [o la cocaina, marihuana, etcetera]". Debes hacer este diagnóstico tu mismo.

Esto es muy difícil de hacer, porque el alcoholismo y otras drogadicciones son enfermedades que le dicen al paciente, "Tú no la tienes; estás bien". Así es como puedes notar que alguien tiene esta enfermedad: Si alguien jura, "No la tengo", es muy probable que sí la tenga.

La naturaleza del problema

¿Cuál es el problema, exactamente? El Libro Grande nos dice, sin formalidades, en el Primer Paso de los Doce Pasos: *El problema es que somos impotentes ante el alcohol y nuestras vidas se han vuelto ingobernables.* Entender y aceptar esto será el primer paso de tu recuperación.

En realidad, todo se basa en una sola palabra: impotencia. Cuando tengamos esto claro y lo aceptemos, sólo entonces podremos entender que existe una solución. De otra manera, seguiremos perdidos si no lo entendemos. Sabiendo ya que el problema es la impotencia, la solución debe ser el poder. Es así de fácil. El poder es lo que cura la impotencia. Ahora tenemos tanto el diagnóstico – la impotencia – como su prescripción – el poder.

Debido a que no podemos hacer nada con respecto a la parte física de la enfermedad del alcoholismo, nuestra solución deberá consistir en encontrar un poder que pueda trabajar, no en forma física, sino dentro de nuestras mentes. El Segundo Paso del programa de Doce Pasos dice que "Llegamos a creer que un Poder superior a nosotros mismos podría devolvernos el sano juicio". Nosotros nos referimos precisamente a ese poder. Creemos que en esto se basa todo el programa de Alcohólicos Anónimos.

Ahora, si eres impotente y la solución a tu problema es el poder, entonces lo que necesitas hacer es encontrarlo. Los Pasos Tres al Doce nos ayudan a encontrar un Poder superior a nosotros mismos. *El propósito principal del Libro Grande radica en ayudarte a encontrar un Poder, superior a tí mismo, que solucionará tu problema.*

Las tres etapas de recuperación

Lo que analiza el Libro Grande, entonces, son tres cosas: (1) la impotencia; (2) el poder, y (3) encontrar ese poder. Estas serán las tres etapas de tu recuperación. Son las mismas cosas que tanto Bill W., el Dr. Bob, Bill D. como cada una de esas primeras cien personas, tuvieron que saber para recuperarse de su enfermedad.

Entonces, las tres preguntas básicas del Libro Grande y de cualquier programa de recuperación son las siguientes:

1. ¿Cuál es el problema?
2. ¿Cuál es la solución?
3. ¿Cuál es el programa de acción que necesito llevar a cabo para encontrar y, usar o implementar esa solución?

El Libro Grande es un libro de texto básico para responder a esas tres preguntas. Conforme vayas examinando el Libro Grande con nosotros, notarás que está escrito en forma sencilla, con una secuencia lógica, paso a paso y capítulo por capítulo. *Fue escrito para ser utilizado como un libro de texto para tu recuperación.* Puedes utilizarlo al igual que harías con otros libros de texto. "La Opinión del Médico" y el Capítulo 1 explican la naturaleza exacta del problema (Primer Paso). Los Capítulos 2, 3 y 4 proporcionan la solución (Segundo Paso). El programa de acción, tu plan de recuperación, es explicado Paso a Paso en los Capítulos 5, 6 y 7 (desde el Tercer Paso hasta el Paso Doce). Usado de esta forma, *Alcohólicos Anónimos* se ha convertido en el texto básico de recuperación para millones de personas.

Utilizando el Libro Grande como un libro de texto para tu recuperación

Cuando pensamos en un libro de texto, pensamos en una herramienta que es utilizada para transferir el conocimiento de la mente de un ser humano a otra. Todos sabemos que para utilizar un libro de texto apropiadamente, debes leer y estudiarlo. Tienes que esforzarte para entender el material y poder absorber el conocimiento que ese libro te está proporcionando. Sin embargo, una vez que se ha llevado a cabo esa transferencia de conocimiento, sabes lo mismo que sabía el escritor al momento de escribir el libro.

Un buen libro de texto está escrito con una secuencia particular, deliberadamente. La mayoría de los libros de texto asumen que el lector sabe muy poco acerca del tema, por lo que al inicio comienzan a un nivel muy sencillo, con los principios más básicos. Conforme el conocimiento del lector va incrementándose con cada capítulo, por lo general el material presentado va adquiriendo mayor dificultad.

Por ejemplo, imagina un libro de texto básico de matemáticas, para personas que apenas saben contar. Ese libro comenzaría con sumas y restas, y poco a poco introduciría multiplicaciones, divisiones, fracciones, etc., hasta eventualmente llegar a cosas tales como el álgebra.

Digamos que conocemos a una persona que no sabe nada al respecto de matemáticas, y nos pide un libro que le ayude a aprender algo sobre el tema. Supongamos que le diéramos a esa persona un libro de texto y le dijéramos: "Toma. Por qué no comienzas con el Capítulo 5 y resuelves algunos de los problemas de álgebra?" Entonces, ella mira el Capítulo 5, pero por supuesto no sabe nada referente a sumas y restas, mucho menos álgebra. Los símbolos le parecen como rasguños de gallina. Estará completamente perdida y lo más seguro es que cerrará el libro, lo hará a un lado y jamás lo volverá a abrir.

Si en lugar de esto le decimos: "Aquí está un libro de texto de matemáticas. Dale un vistazo al Capítulo 1, que contiene sumas y restas. Si lo lees, lo estudias y haces preguntas según te sea necesario, cuando hayas acabado con el Capítulo 1 sabrás sumar y restar". Así es que, la persona lee el Capítulo 1 y, sin sorpresa de nadie, aprende a sumar y restar. Luego le decimos: "Ahora, ¿por qué no lees el Capítulo 2, para aprender a multiplicar y dividir?" Ella lo hace y al poco tiempo estará lista para el Capítulo 3. Gradualmente, la guiamos en el libro de texto hasta que con el tiempo esté preparada para aprender álgebra en el Capítulo 5.

Creemos que uno de los más graves errores que se están cometiendo actualmente en los grupos de A.A. y en otras comunidades que utilizan el Libro Grande radica en que no están ayudando a las personas a comenzar por el principio. Cuando los novatos pasan por la puerta, a menudo se les dice, "Obtén una copia de *Alcohólicos Anónimos*, ábrelo en el Capítulo 5, haz lo que dice el autor, y estarás bien". Por lo tanto, el novato se va directamente al Capítulo 5, y lo primero que lee son los Doce Pasos y cómo trabajan. Pero seguramente le parecen como problemas de álgebra, ya que aún no está listo para ellos. La persona no ha sido preparada para ellos, en absoluto.

De hecho, es probable que el novato ni siquiera entienda lo que quiere decir cada uno de los Pasos. Consideremos el Primer Paso, por ejemplo. Dice así:

Admitimos que éramos impotentes ante el alcohol, que nuestras vidas se habían vuelto ingobernables.

Es posible que lea esto y diga, "Caray, no me digas que

soy impotente. Yo no soy impotente ante nada". No sabe lo que ésta frase quiere decir en el Libro Grande, ya que no ha leído ninguno de los capitulos anteriores, ni las secciones de introducción.

Pero quizás, sin preparación alguna, logra dar el Primer Paso, lo acepta y está listo para seguir adelante. Enseguida, lee el Segundo Paso, que dice, "Llegamos a creer que un Poder superior a nosotros mismos podría devolvernos el sano juicio". Quizas aquí se detenga y diga, "¡Pero si yo no estoy loco! Sí, en ocasiones tal vez hago cosas estupidas cuando bebo, pero cuando estoy sobrio, mi juicio es tan sano como el de cualquier otra persona". No entiende lo que quiere decir el Libro Grande.

Piensa un momento. Si no eres impotente y no estás orate, entonces no necesitas decidir poner tu voluntad al cuidado de un Poder, al cual ni siquiera entiendes. Y si *piensas* que no eres impotente, aun cuando en verdad lo seas, entonces por supuesto que no pondrás tu voluntad ni tu vida al cuidado de nadie.

Es por esta razón que, a menudo, causa mas daño que beneficio empezar en frío con el Capitulo 5 y los Doce Pasos, como lo hacen muchas personas y grupos de la comunidad. Muchas personas se alejan de A.A., de los Doce Pasos y de la recuperación, por haber comenzado con el Capítulo 5.

Creemos que "La Opinión del Médico" (páginas xiii-xix) y desde el Capítulo 1 hasta el 4 (páginas 1-53), están deliberadamente diseñados para prepararte para el Capítulo 5. *Si no hemos podido convencerte de otra cosa a lo largo de este capítulo, esperamos que por lo menos hayas comprendido lo importante que son estos capítulos en el Libro Grande, para prepararte a aceptar y a comenzar a trabajar los Pasos contenidos en el Capítulo 5.* Estas porciones del Libro Grande te enseñan a sumar, restar, multiplicar y dividir. Te preparan para los problemas de álgebra con los que te encontrarás al llegar al Capítulo 5.

pags. xiii-xix pags. 1-53

Una receta para la recuperación

También podemos considerar al Libro Grande como un recetario. De hecho, un recetario es una especie de libro de texto. Te enseña, paso a paso, cómo preparar ciertos platillos. Funciona al igual que un libro de texto de matemáticas, sólo que en vez de contener problemas de matemáticas, te da instrucciones para cocinar diversos alimentos. Si sigues la receta al pie de la letra, obtendrás el platillo que estás tratando de preparar, y tendrá el sabor deseado. Si sigues los mismos pasos cada vez, el resultado será el mismo platillo, con el mismo sabor.

Digamos que acabas de hacer un delicioso pastel de fresas, y a cada uno de nosotros nos has dado una gran rebanada. Lo probamos, y ambos estamos de acuerdo en que todo lo que se refiere al pastel está perfecto: su sabor, la textura, su humedad, su dulzura – todo. Entonces, te decimos, "Este es un pastel delicioso. ¿Nos das la receta?" Tú, siendo una persona complaciente, nos escribes las instrucciones, diciéndonos cómo hacer un pastel exactamente igual al que acabamos de estar comiendo. Nos dices la cantidad de ingredientes que debemos usar, la secuencia en que deben ser mezclados, a qué temperatura debe ser horneado y cuánto tiempo debe permanecer en el horno. Si seguimos tus instrucciones con precisión, nuestro pastel saldrá exactamente como tu pastel.

Pero imagínate que en lugar de seguir tu receta, nuestras mentes astutas dicen, *No, realmente no debería de llevar tres huevos; debería de llevar seis. En vez de dos tazas de azucar, le pondremos cinco. Y en lugar de hornearlo cuarenta minutos a 375 grados, lo hornearemos una hora y media a 550.* Cuando salga esa cosa del horno, será una especie de pastel. ¿Pero en qué se asemejará al pastel de fresas que tú haces? Seguramente parecerá un bloque de cemento o un gran pedazo de pan quemado. Aunque nuestra intención original era hacer un pastel igual al tuyo, nosotros mismos arruinamos esa intención al jugar con la receta.

Tenemos una receta clara de recuperación en el libro *Alcohólicos Anónimos.* Nos dice exactamente qué es lo que debemos hacer, a cada paso. El libro nos muestra con precisión cómo fue que las primeras ciento y tantas personas se recuperaron de la enfermedad que tú tienes. Si sigues su receta y haces lo mismo que ellas, entonces creemos que acabarás al igual que ellas: liberado de tu adicción al alcohol y otras drogas. Sin embargo, si empiezas a jugar con la receta, como lo han estado haciendo algunas personas y grupos, podrías acabar en un sitio muy distinto.

Qué hace que el Libro Grande sea tan especial

Existen otras cosas que nos hacen considerar al Libro Grande como una guía, paso a paso, de recuperación. En primer lugar, la mayoría de los libros de texto requieren actualización de vez en cuando, conforme las personas van descubriendo cosas nuevas, y amplían su conocimiento sobre el tema. Asimismo, los recetarios también se actualizan, conforme los cocineros van descubriendo nuevas recetas o variantes más sabrosas o más fáciles de cocinar. El Libro Grande se ha actualizado un par de veces también – en 1955, y una vez más en 1976. Se le ha agregado, sustraído y cambiado a la sección de historias personales. *Pero las primeras 151 páginas, así como el material introductorio, que juntos forman el programa de recuperación, se han mantenido intocables.* ¿Por qué? Porque desde 1939, cuando el libro fue publicado por primera vez, nadie ha podido mejorar el programa de recuperación descrito en la primera edición. En los cincuenta y tantos años que han pasado, desde que se publicó la primera edición del Libro Grande, nadie ha podido hacer una receta mejor. El programa de Doce Pasos funciona tan bien ahora como en 1939.

Otro factor importante, según nosotros, es que el Libro Grande es el resultado del trabajo de más de cien personas. Por supuesto que Bill W. lo escribió, pero más de cien personas, todos ellos alcohólicos en recuperación, ayudaron a determinar lo que escribió. Le dijeron a Bill W. lo que debía escribir – y, una vez que lo hizo, le dijeron como cambiarlo. Para cuando se terminó de hacer el libro, era el trabajo colectivo de docenas de personas diferentes.

Casi todos los libros que leemos hoy en día son escritos por una sola persona o, cuando mucho, por dos o tres. Si leemos un libro y no estamos de acuerdo con lo que dice su autor, podemos sentirnos con la libertad para pensar: "¿Quién se ha creído para pensar que sabe más que yo?" Pero es mucho mas difícil pensar así con respecto al Libro Grande, ya que estaríamos discutiendo con más de cien personas, en vez de una sola. Además, cada una de esas ciento y tantas personas se ha recuperado de la misma enfermedad que tanto tú como nosotros tenemos. Según nosotros, vale la pena prestarles atención.

En los próximos dos capítulos escucharemos al Dr. Silkworth y lo que él nos puede enseñar. Después, escucharemos la historia de Bill W., y descubriremos cómo nos puede beneficiar su experiencia y cómo seguir sus pasos.

CAPÍTULO CUATRO

Las dos caras de la enfermedad del alcoholismo

"La Opinión del Médico" (páginas xiii-xix) es la base de todo el libro *Alcohólicos Anónimos* y de toda la comunidad de A.A.. Para los no-alcoholicos y no-adictos, esta sección podría parecer simplemente una útil nota introductoria; sin embargo, sin ella, el libro entero carece de sentido. En este capítulo de nuestro libro, queremos examinar minuciosa y cuidadosamente lo que escribió el Dr. William D. Silkworth. Esperamos que llegues a entender, lo importante que serán sus palabras y conclusiones para tu recuperación.

El Dr. Silkworth fue el primer médico que llegó a comprender completamente, y a explicar con palabras, en qué consiste el problema del alcohólico. Fue el primero en ver el problema completa, clara y correctamente. Esta fue su principal contribución, tanto a la medicina, como a A.A.

Malentendidos sobre el alcoholismo

Suena raro, pero el hecho es que hace aproximadamente sesenta años realmente nadie entendía el alcoholismo. En aquel entonces, los automóviles, aviones, radios y teléfonos eran comunes, pero la gente aún se encontraba en penumbras con respecto al alcoholismo. A pesar de que el alcohol y los alcohólicos existían desde hacía miles de años, nadie sabía cual era el verdadero problema de los alcohólicos.

Desde que las personas comenzaron a beber alcohol, algunas de ellas tuvieron problemas con él. La mayoría de la gente, tanto los que no bebían como los que lo hacían sin que esto les ocasionase problemas, se encontraba perpleja con respecto a los alcohólicos. Era fácil ver que los alcohólicos tenían un problema, pero no era tan fácil saber cuál era ese problema. Así es que los no-alcohólicos hicieron su mejor esfuerzo por tratar de descifrar lo que les ocurría a los alcohólicos. Inventaron todo tipo de conjeturas y teorías, pero la mayoría de ellas estaba muy lejos de la verdad.

A lo largo de la historia, siempre ha sucedido lo siguiente: los no-alcohólicos han estado tratando de descifrar a los alcohólicos. Los no-alcohólicos observaban a un alcohólico y decían: "¿Qué le sucede a esa persona? Debe ser débil, o pecaminoso, o bien, debe estar loco". A los no-alcohólicos hasta se les dificultaba entender lo que los alcohólicos sentían y, por supuesto, cuál era su problema. Por su parte, a los alcohólicos les importaba poco cuál era su problema o lo que pensaban los no-alcohólicos, simple y sencillamente seguían bebiendo.

Esto sucedió durante muchos siglos. Si lees la Biblia, encontrarás que Salomón empleó algún tiempo para describir a los alcohólicos en el Prov. 23:29-35. Se refirió a ellos, como, "aquellos que se quedan en el vino", y los describió como personas que barbotean y "pronuncian cosas perversas", que tienen los ojos rojos y "heridas sin causa", que acaban durmiendo donde sea, desde el fondo del océano hasta la punta de un mastil y que, al despertar sintiéndose miserables después de una borrachera, "lo buscarán" de nuevo. Claramente, esto describe tanto a los alcohólicos de nuestros tiempos como a los del tiempo de Salomón. Así es que Salomón observó y describió la enfermedad del alcoholismo – aunque no entendía el problema.

En 1784, el Dr. Benjamin Rush fue uno de los primeros médicos que dijo sobre el alcoholismo: "Creo que esto es un proceso de enfermedad". Esta es una cita exacta. Asimismo, dijo: "Pienso que la respuesta consiste en la abstinencia total". No dijo *una* respuesta – dijo *la* respuesta. Es posible que hayas oido hablar del Dr. Rush anteriormente; fue uno de los individuos que firmaron la Declaración de Independencia de los E.U.A. Desafortunadamente, la gente no prestó atención a los puntos de vista que el Dr. Rush tenía sobre el alcoholismo; en aquel entonces, aún se consideraba como un problema moral o como un pecado.

El descubrimiento del Dr. Silkworth

Pasaron ciento cincuenta años antes de que alguien realmente entendiera el problema, y ese alguien fue el Dr. Silkworth. El empezó a trabajar con alcohólicos en 1930. Trabajó de cerca con ellos, buscando claves y patrones en sus formas de vida y comportamiento. Estudió cuidadosamente a sus pacientes, buscando cualquier característica que pudiesen tener en común, y encontró algo extremadamente interesante. Descubrió que los alcohólicos tenían una vigorosa fuerza interna de autodestrucción.

Su descubrimiento tuvo lugar cuando logró dividir esta fuerza en dos: un deseo imperioso físico y una obsesión mental. Escribió: "Creo que parte de ésto se encuentra en sus cuerpos y la otra parte está en sus mentes".

Si leemos las líneas 9-20 de la página xiv del Libro Grande, aprenderemos que el Dr. Silkworth confirmó que tanto el cuerpo como la mente de un alcohólico son anormales. Esta fue la primera vez en la historia de la medicina, donde se hizo referencia al hecho de que el cuerpo es afectado, al igual que la mente. Hasta ese momento, lo que la gente había dicho y pensado sobre el alcoholismo y los alcohólicos, se refería tan sólo a la mente. A los alcohólicos se les había considerado como pecaminosos, corruptos, débiles y faltos de carácter moral.

pag. xiv lins. 9-20

Pero como dice en la página xiv, el Dr. Silkworth sintió que el alcoholismo era una especie de alergia. Los alcohólicos son personas que tienen una reacción alérgica al alcohol. Los ciento y tantos alcohólicos – que habían resuelto sus problemas con la bebida y que habían supervisado la escritura del Libro Grande – estuvieron de acuerdo en que la explicación del Dr. Silkworth tenía sentido y que explicaba muchas cosas que, de otra manera, no podrían explicarse.

pag. xiv lins. 21-26

El alcoholismo visto como una alergia

La palabra que el Dr. Silkworth utilizó – *alergia* – probablemente les ocasiona más problemas a algunas personas que cualquier otra palabra contenida en el Libro Grande, por lo que queremos examinarla cuidadosamente. Es importante que entendamos exactamente lo que el Dr. Silkworth quiso decir al referirse a una alergia. Antes de que ambos llegásemos a A.A. o hubiésemos leído el Libro Grande, creíamos saber el significado de la palabra *alergia*. Sabíamos que, si eres alérgico a algo y comes, bebes o respiras ese algo, tendrás una reacción física. Si eres alérgico a las fresas y comes pastel de fresas, te dará sarpullido. Si eres alérgico a la ambrosía y respiras polen de ambrosía, te arderán los ojos y comenzarás a estornudar.

Cuando llegamos por primera vez a A.A., se nos dijo: "Compañeros, son alérgicos al alcohol y nunca más podrán beber con seguridad". Lo primero que pensamos fue: *¿Cómo podemos ser alérgicos al alcohol? Hemos estado bebiendo un litro diariamente. No nos da sarpullido y no estornudamos al beberlo. ¿Cómo puedes beber tantas cantidades de algo a lo que eres alérgico?* Pensábamos que si eres alérgico a algo, eso quería decir que tendrías una reacción física visible, como el estornudo o brotes en la piel. Pero si buscas en el diccionario, encontrarás que una de las definiciones de alergia es una reacción anormal a una comida, bebida u otra substancia – no necesariamente estornudos, comezón o vómitos, sino cualquier reacción anormal.

Lo curioso de tener una reacción anormal es que no puedes saber si algo es anormal o no, hasta que sepas lo que es normal. Cuando comenzamos a asistir a A.A. y se nos dijo que éramos alérgicos al alcohol, tuvimos que admitir que no sabíamos lo que era normal. Sabíamos cómo nos sentíamos y cómo nos comportábamos al beber una copa, pero no sabíamos si eso era normal; no sabíamos si otras personas sentían y se comportaban como nosotros. Lo único que sabíamos sobre el alcohol era la forma en que lo bebíamos nosotros y la forma en que lo bebían las personas que bebían con nosotros. (Verás . . . Si las personas no bebían como nosotros lo hacíamos, no bebíamos con ellas).

Eventualmente, nos dimos cuenta que, para descubrir lo que quería decir normal, tendríamos que hablar con personas que no se veían afectadas por el alcohol como nosotros – los llamados bebedores sociales. Les preguntamos a algunos de ellos: "¿Cómo te sientes cuando bebes una copa?" Y ellos respondían algo como: "Verás. Llego del trabajo sintiéndome cansado, tenso y exhausto. Bebo una o dos copas antes de cenar y, al poco tiempo, me siento cómodo y relajado. Después, ceno y, generalmente, ya no bebo más esa noche".

Al principio, esto nos sorprendió porque no es nada parecido a lo que nosotros sentíamos al beber alcohol. Cuando cualquiera de los dos bebía una copa, comenzábamos a responder de inmediato. Cuando el alcohol pasaba por nuestros labios, éstos empezaban a estremecerse. Pasaba por nuestros dientes, los cuales castañeteaban. Cuando el alcohol llegaba a nuestras lenguas, sentíamos que estas se expandían y se hinchaban. De ahí, llegaba a nuestros cachetes, que aleteaban un poco. Podíamos sentir como pasaba por nuestras cavidades nasales, hasta llegar a nuestras frentes y obteníamos una sensación indescriptiblemente maravillosa. Y eso que ni siquiera habíamos dado el trago – éste aún se encontraba dentro de nuestras bocas!

Al dar ese trago, ocurrían cosas sensacionales. Nuestros pechos parecían crecer y ensancharse. Luego, el alcohol llegaba a nuestros estómagos, donde explotaba como si fuese una bomba. Inmediatamente sentíamos como corría por nuestros brazos. Al llegar a las manos, nuestros dedos comenzaban a sentir picazón y a vibrar. El alcohol corría velozmente por nuestras piernas y teníamos la sensación de estar acrecentándonos. De ahí, llegaba a nuestros pies y nos daba una sensación intensa y excitante de levántate-ve-a-algún-lado-y-haz-algo.

Eso es muy diferente a la cálida y relajante sensación que obtiene la mayoría de la gente al beber alcohol.

Beber socialmente y el mito de la fuerza de voluntad

Cuando hablamos con algunos de los bebedores sociales normales promedio, también les preguntamos cómo se sentían después de haber bebido varias copas. Nos respondieron que sentían una ligera sensación de mareo, pérdida de control y náusea. "No nos gusta esa sensación nauseabunda", nos dijeron, "por eso sólo bebemos una o dos copas y eso es todo lo que queremos beber".

31

Después de haber hablado con bastantes personas que nos dijeron lo mismo, nos dimos cuenta de que esa es la reacción normal ante el alcohol. Es una droga sedante y supuestamente debe hacerte sentir ligeramente mareado y un poco fuera de control. Debido a que el alcohol es un destructor de los tejidos humanos, el cuerpo debe reaccionar con náusea si se bebe demasiado. Cuando ingieres mucho alcohol, el cuerpo lo vomitará para deshacerse de él. Esto nos respondió una gran pregunta. Siempre habíamos pensado que los bebedores sociales usaban fuerza de voluntad para parar, después de haber bebido una o dos copas. De hecho, esa es una de las cosas que a menudo se nos decía: "Todo lo que debes hacer es usar fuerza de voluntad, así como lo hago yo". Pero ellos no tienen que usar fuerza de voluntad, ya que todo lo que quieren o necesitan son una o tres copas, nada más. Obtienen la cantidad que desean beber cada vez que beben, así es que les es fácil parar.

Durante años observábamos a estos bebedores sociales, haciéndonos preguntas sobre ellos. Bebían un par de copas y, cuando alguien les ofrecía la tercera, decían: "Ay, no. Ya me pegó ésta", o "No, ya me dió sueño", o "No, porque me voy a sentir mal". Nunca habíamos logrado entender cómo podían decir esas cosas, ya que el alcohol no nos hacía sentir así.

Al beber alcohol, nunca nos habíamos sentido ligeramente mareados, fuera de control o nauseabundos. Nos sentíamos en control. En vez de reaccionar con náusea, nuestros cuerpos decían: "Bebe más alcohol". Nuestros cuerpos producían un deseo físico agudo – tan fuerte, que nos era imposible imaginar cómo seríamos capaces de parar de beber. Planeábamos beber tan sólo dos copas, pero cuando cualquiera de los dos había ingerido esas dos copas en su sistema, se desarrollaba ese deseo imperioso físico. El cuerpo se adueñaba y la mente ya no estaba en control. Bebíamos la tercera copa, la cuarta, seguíamos bebiendo . . . y pronto comenzaban los problemas.

Esa es una reacción anormal al alcohol.

Entiéndase, por favor, que "anormal" no significa "malo" o "débil" o "equivocado" – tan sólo es diferente a lo que la mayoría de la gente siente. La única diferencia entre normal y anormal radica en que normal es lo que la mayoría de la gente hace. Sucede que aproximadamente una de cada diez personas reacciona como nosotros al beber. Esas personas tienen una reacción alérgica al alcohol, al igual que nosotros. Si tu reacción al alcohol es parecida a la nuestra, tú también tienes la alergia.

Después de hablar con las personas, descubrimos que nuestra reacción al alcohol era anormal y empezamos a comprender por qué ninguno de los dos podía beber sin emborracharse. Asimismo, comenzamos a ver como les debía parecer nuestra forma de beber a las personas normales. *Tuvimos que aceptar que, en lo que al alcohol se refiere, somos distintos a la mayoría de las personas.* Cuando las personas normales sienten el efecto que produce el alcohol, están listas y son capaces de parar de beber. Pero cuando los alcohólicos sienten el efecto del alcohol, quieren seguir bebiendo. Quizás algunos sean capaces de "a puño cerrado" limitarse en ocasiones. Pero inevitablemente llegará el momento en que sean incapaces de parar. Eventualmente, a sus mentes les será imposible controlar el deseo imperioso físico. No *muy difícil* – literalmente *imposible*. En las líneas 31-33 de la página xvii en "La Opinión del Médico", el Dr. Silkworth dice que ese deseo imperioso físico está más allá de cualquier control mental. pag. xvii lins. 31-33

En alguna ocasión escuchamos a alguien decir que la diferencia entre bebedores sociales y alcohólicos consiste, en que los bebedores sociales asisten a una fiesta para socializar y quizás beban una o dos copas. Los alcohólicos van a una fiesta para beber y quizás socialicen incidentalmente, al estar ahí.

Las personas normales no tienen un deseo imperioso por el alcohol. Nosotros, los alcohólicos, sí lo tenemos.

El deseo imperioso físico ocasionado por el alcohol

Creemos que en ocasiones la gente no habla suficientemente sobre la parte física del alcoholismo en A.A. Como alcohólicos, parte de nuestro problema radica en nuestra mente, pero otra parte se encuentra en nuestro cuerpo.

La mayoría de los problemas de salud son físicos; algunos son mentales o emocionales. Sin embargo, el alcoholismo es una enfermedad inusual porque afecta tanto al cuerpo como a la mente. La parte mental de la enfermedad consiste en una obsesión por el alcohol; la parte física es un deseo intenso por el alcohol. Los dos aspectos de la enfermedad son muy diferentes, como pronto veremos, pero ambos trabajan muy de cerca. El deseo imperioso físico es parte de nuestra alergia al alcohol. Es la reacción que surge al tener alcohol dentro de nuestro sistema. Nótese que el deseo físico comienza *después de beber, no antes*. El alcohol dentro de nuestro cuerpo nos hace desear más alcohol. El impulso inicial por beber esa primera copa *no es físico*. Es posible que tengamos una compulsión psicológica o una obsesión por beber, pero no podemos sentir un deseo imperioso *físico* sin haber ingerido alcohol. Así funciona la alergia.

En el Libro Grande "el deseo imperioso" siempre se refiere al cuerpo – al deseo *físico* que solamente ocurre *después* de haber bebido una copa. Así es como usaremos esa expresión en este libro también. En cuanto a los deseos de la mente, utilizaremos otras palabras.

Ahora sabemos que, como alcohólicos, parte de nuestro problema es puramente físico. Una vez que hayamos empezado a beber, finalmente seremos incapaces de parar. Es así de sencillo y es un hecho. No podemos parar. Si eres alcohólico y te dices a tí mismo que *puedes* beber una copa y parar, estás en un aprieto.

La Respuesta es la Abstinencia

pag. xviii lins. 20-21 La única manera de evitar problemas es no beber esa primera copa. El Dr. Silkworth dice esto de una manera sencilla, en las líneas 20-21 de la página xviii, en "La Opinión del Médico". Afirma claramente que el único alivio del alcoholismo es la abstinencia completa. No existen compromisos; no hay un punto intermedio.

pag. xviii lins. 4-13 En esta misma página, en las líneas 4-13, el Dr. Silkworth hace una clasificación de los distintos tipos de alcohólicos. Existe el tipo maniático-depresivo, el tipo inestable, el tipo amigable, en fin, muchos tipos diferentes. Algunos alcohólicos lloran en sus cervezas; otros se suben a las mesas y comienzan a cantar y gritar. Algunos buscan peleas; otros coquetean con los demás. Pero existe algo que cada uno de nosotros, como alcohólicos, sea cual sea nuestra personalidad, tiene en común: en algún momento, una vez que hayamos comenzado a beber, buscaremos otra copa, y otra, y otra más hasta estar borrachos, enfermos y en aprietos. Algunos de nosotros nacemos alcohólicos. Otros beben hasta llegar a ser alcohólicos. Algunos pueden beber durante años con cierta seguridad, pero luego parecen cruzar una línea y comienzan a beber en forma descontrolada. Pero realmente no importa cómo llegamos a ser alérgicos al alcohol, porque el resultado final es el mismo. Tampoco importa cuánto nos lleve emborracharnos. Ambos sabemos, por la experiencia que adquirimos durante los años en que bebíamos, que si bebíamos una copa a las diez y cinco, para mediodía ya estábamos metidos en alguna cárcel. Otros alcohólicos tienen un paso mucho más lento. Algunos beben una o dos copas hoy, tres o cuatro mañana, cinco o seis pasado mañana – es posible que les lleve una semana para acabar en la cárcel o para estar en algún otro tipo de aprieto. *Pero no importa cuánto tiempo les lleva, ya que el disparador es esa primera copa que bebieron.*

Si eres alcohólico, te verás en problemas mientras sigas intentando descubrir una manera de beber sin emborracharte, o una manera de parar después de una o dos copas. Acabarás borracho. Mientras sigas pensando que puedes beber, que algún día podrás beber como lo hace la mayoría de la gente, seguirás bebiendo, emborrachándote y metiéndote en aprietos. Esta es la verdad que Bill W., el Dr. Bob, Bill D. y cada una de esas primeras cien personas en A.A. tuvieron que afrontar. Cada uno de ellos se tuvo que dar cuenta por sí mismos que eran diferentes, que nunca podrían beber como la mayoría de los demás. Entendieron que ya no podían beber una copa con seguridad – ni una sola. Otros drogadictos y personas con comportamientos adictivos han estado descubriendo lo mismo. Parece existir algo dentro de ellos – quizás dentro de su química cerebral – que les hace estar propensos al mismo tipo de deseo imperioso cuando regresan a su droga o comportamiento alterador de los sentidos – sin importar cuál haya sido su período de abstinencia.

bajar el programa de Doce Pasos. Entonces empezaron a diluir un poco el programa; luego un poco más, una pulgada cada vez. Al paso del tiempo, las cosas se diluyeron tanto, que la gente en la comunidad comenzó a decir todo tipo de cosas que no *están* contenidas en el Libro Grande. Por ejemplo, hemos escuchado a muchas personas decir: "Puedes aplicar el programa estilo cafetería. Toma de él lo que quieras, deja lo que no quieras, y todo estará bien". Pero no creemos que esto sea cierto. El programa es un todo unificado, no una colección de pequeños pedazos de consejos. No existe nada en el Libro Grande que diga: "Trata al programa de Doce Pasos como si fuese un menú".

Algunas de las cosas que se dicen en las juntas, que no son parte del programa de recuperación de A.A., no son dañinas. Pero algunas sí pueden ocasionar graves daños e incluso pueden ser mortales. Hemos escuchado algo en las juntas que ha matado a muchas personas y que casi mató a uno de nosotros. Es algo así como,: "Si asistes a juntas durante bastante tiempo, te empaparás de todas las cosas importantes por ósmosis y todo saldrá de maravilla". Estamos totalmente en desacuerdo con esto. No pensamos que el programa de Doce Pasos funciona por ósmosis. Tienes que aplicarlo en tu propia vida y eso conlleva un esfuerzo.

Hoy en día las cosas se han diluido y han cambiado tanto que puedes asistir a algunas juntas de A.A. y, si alguien no hubiese leído el preámbulo de A.A. en la junta, no tendrías la menor idea del tipo de junta a la que estás asistiendo. Sabemos que esto realmente ocurre en juntas alrededor del país – no en todas ellas, por supuesto, pero sí en algunas de ellas. En algunas juntas de A.A. la gente habla de todo *excepto* de la recuperación de la enfermedad del alcoholismo y de la aplicación de los Doce Pasos en sus vidas.

No dudamos que la gente que trae estas ideas a la comunidad tenga buenas intenciones. Sin embargo, necesitamos hacer notar que el Libro Grande no trata en absoluto sobre la comunidad. Se refiere al programa de recuperación, tal como fue utilizado por las primeras cien personas en A.A. *La comunidad surgió del programa, no al revés.*

La eficacia del Libro Grande

A.A. creció enormemente porque muchas personas se recuperaron y muchas familias se vieron reunificadas por

Darte cuenta de ésto es el primer paso dentro de tu propia recuperación. De hecho, el Primer Paso de los Doce Pasos dice:

Admitimos que éramos impotentes ante el alcohol, que nuestras vidas se habían vuelto ingobernables.

La mente humana es rara. Seguirá pensando lo mismo indefinidamente – hasta que le cierres la puerta a esa manera de pensar. La mente comenzará a pensar de manera distinta, solamente cuando llegue cierta información a cerrarle esa puerta para siempre. Es por ese motivo que el descubrimiento del Dr. Silkworth fue tan importante. Pudo decirle a los alcohólicos exactamente lo que debían hacer – dejar de beber completamente – y por qué – debido a que eran alérgicos al alcohol.

En el momento en que los alcohólicos se dan cuenta de lo que les sucede a sus cuerpos – de que tienen una alergia y que nunca podrán librarse de ella – cambia su manera de pensar. La información del Dr. Silkworth cierra la puerta y cancela la posibilidad de seguir bebiendo.

Podrás lidiar con tu enfermedad y dejar de beber para siempre, solamente cuando hayas admitido ante tí mismo que nunca podrás beber otra copa. *Todos los programas de tratamiento de alcoholismo y otras adicciones exitosos, se basan en esta única idea: Los alcohólicos o adictos nunca podrán beber o usar otras drogas, en forma segura, por el resto de sus vidas.*

CAPÍTULO CINCO

La naturaleza de la obsesión

Actualmente, la profesion médica ha producido gran cantidad de evidencias que confirman las conclusiones a las que llegó el Dr. Silkworth sobre el alcoholismo. Ha habido muchos estudios médicos que muestran, que el cuerpo de un alcohólico no reacciona ante el alcohol de la misma manera en que lo hace el cuerpo de un no-alcohólico. Cuando los no-alcohólicos beben, el alcohol se divide dentro de sus cuerpos en varias etapas: en agua, azúcar y bióxido de carbono. Pero ha habido mucha evidencia que muestra que el alcohol no se divide así dentro del cuerpo de un alcohólico. Debido a esto, en lugar de estar un poco mareados, los alcohólicos tienen un deseo imperioso por el alcohol. El alcohol no hace que el deseo desaparezca ni que sea más tolerable – de hecho, lo hace más fuerte. Es como rascar un brote en la piel, hasta que sangra.

Es por ese motivo que, cuando casi todo el mundo está listo para irse a casa, el alcohólico apenas está preparándose para seguir de fiesta. El deseo físico es más fuerte después de la veinteava, no la tercera, copa. Nunca logramos beber todo lo que deseamos una vez que hemos comenzado a beber. *Es literalmente imposible llenar ese deseo imperioso.*

Sobre las últimas décadas, la profesión médica ha descubierto más evidencia: El alcoholismo es una enfermedad progresiva. Eso significa que cuanto más tiempo lo tienes, más empeora, aunque ni siquiera te acerques al alcohol.

Ninguno de los dos ha bebido una copa desde hace más de veinte años. Pero si mañana bebiéramos una copa, no nos encontraríamos en la misma miserable condición de hace veinte años— nuestra situación sería mucho peor. El deseo imperioso sería más fuerte, y nuestra manera de beber sería peor de lo que era en aquel entonces. Cuando conocemos a alguien que había estado sobrio durante algún tiempo, pero que había recaído y se había emborrachado, le preguntamos: "¿Te fue mejor esta vez?" *E invariablemente* la respuesta es que fue doblemente peor de lo que había sido cuando esa persona bebía antes. El deseo es peor, la manera de beber es peor y los problemas que resultan son peores.

El aspecto mental del alcoholismo

Hemos dedicado mucho tiempo para hablar sobre el deseo imperioso físico que tiene un alcohólico al beber alcohol, porque creemos firmemente que ésta es una información básica para tu recuperación. Pero toda la cuestión de lo que sucede después de comenzar a beber no importaría si no bebiéramos esa primera copa.

Éntonces, ¿por qué tomamos esa primera copa?

Recuerda que el deseo imperioso físico comienza después de que existe alcohol en tu sistema. Esto significa que lo que te hace beber esa primera copa debe estar enteramente dentro de tu mente. También significa que *toda tu recuperación se llevará a cabo dentro de tu mente.*

pag. xvi
lins.
22-23
En la página xvi, líneas 22-23, el Dr. Silkworth explica que las personas beben esa primera copa porque les gusta el efecto que el alcohol produce en ellas. Muchos alcohólicos se ofenden cuando leen esto por primera vez. Dicen: "No, yo no bebo por eso. Yo bebo porque me encanta el sabor". Ahora bien. A nosotros nos encanta el sabor de una cerveza fría, pero también nos encanta el sabor del agua fresca de montaña. Pero ninguno de los dos se ha sentado a beber una caja entera de agua fresca. El alcohol provoca algo dentro de nosotros que el agua no.

pag. xvi
lins.
27-30
Dentro de ese mismo párrafo, el Dr. Silkworth describe como se sienten los alcohólicos a menudo. Se sienten *inquietos, irritables y descontentos* al estar sobrios. Por lo tanto, sus mentes buscan una manera de sentirse más felices y

contentos. Recuerdan la sensación placentera que tuvieron la última vez que bebieron unas cuantas copas – por lo menos al principio, antes de que surgiera ese terrible deseo imperioso. Finalmente, esos recuerdos se vuelven lo suficientemente poderosos, y ellos se rinden y beben el primer par de copas. Eso dispara el intenso deseo físico y agarran una borrachera. Salen de esa borrachera sintiendo remordimiento y comienzan a cantar el himno nacional del alcohólico – "Nunca lo volveré a hacer". Pero luego vuelven a caer dentro de ese mismo círculo vicioso, una y otra vez.

El Dr. Silkworth dice que esto seguirá ocurriendo *hasta* que el alcohólico experimente un cambio psíquico completo. Este cambio psíquico permite que el alcohólico rompa el ciclo. pag. xvi lins. 34-36 Si eres un alcohólico, en algún momento dentro de este ciclo se te meterá a la cabeza la idea de que beber una copa te proporcionará alivio y te hará sentir mejor. Y cuanto más consideres esta idea, todas las demás ideas serán empujadas de tu mente. En ese momento, no puedes recordar los problemas que tuviste cuando te emborrachaste hace tres semanas. Tu mente te dispara a beber, por lo que bebes, que a su vez dispara el deseo imperioso dentro de tu cuerpo. Entre más lo deseas, más bebes – y entre más bebes, más lo deseas.

Ahora, demos un salto hasta la siguiente ocasión que te encuentres inquieto, irritable y descontento. Recordarás lo que hiciste la vez anterior, o sea, beber una copa. También recordarás que, por lo menos al principio, beber una o dos copas te ayudó a sentirte mejor. No puedes dejar de pensar que beber es una forma de hacerte sentir mejor. Esto se llama una *obsesión* – la idea que envuelve y sobrepasa a todas las demás ideas. La obsesión de un alcohólico es la idea de beber una copa.

El hecho está en que debes pensar sobre beber antes de beber una copa. Toda acción nace por un pensamiento – así es como funciona una obsesión.

El problema revisado

Por consiguiente, si tienes una obsesión por beber, no puedes dejar de beber debido a tu mente – pero no puedes beber en forma segura debido a la alergia que está dentro de tu cuerpo. Tu mente te hace comenzar a beber y luego tu cuerpo no te deja parar. Así es que tu mente está destruyendo tu cuerpo lentamente y, a su vez, tu cuerpo también está destruyendo tu mente. **Si no puedes beber debido a tu cuerpo, pero no puedes dejar de beber debido a tu mente, entonces eres impotente ante el alcohol.** Poder ver esto y darte cuenta que ésa es la verdad es el primer paso en tu recuperación. Significa que entiendes el problema. Los alcohólicos que se recuperan son aquellos que ven este problema claramente. Si no entiendes el problema, sigues siendo una víctima de él; una vez que lo hayas entendido, puedes recuperarte de tu enfermedad de alcoholismo. No te curarás de tu alcoholismo – eso es imposible. Pero te recuperarás de tu condición desesperanzada de mente y cuerpo.

El problema no consiste en una voluntad débil, falta de carácter moral, ni en la incapacidad de resistirte a la tentación del pecado. El problema es una enfermedad de dos caras: una alergia física que asegura que una vez que hayas comenzado a beber no podrás parar, y una obsesión de la mente que asegura que, sin recuperación, seguirás volviendo a beber. Tu vida seguirá siendo ingobernable, hasta que logres entender este problema claramente.

Todas las obsesiones son similares

Hemos estado hablando sobre la obsesión por el alcohol, pero existen muchos tipos diferentes de obsesiones y muchas personas las tienen. Recuerda, una obsesión es cualquier idea que se sobreponga a todas las demás ideas y es tan poderosa que puede hacerte creer cosas que no son verdad. Algunas personas están obsesionadas por comer ciertos alimentos. Cuando algunas personas que tienen obsesión por la comida comen un pedazo de chocolate, éste puede disparar una reacción en sus cuerpos, en la misma forma en que el alcohol dispara una alergia en los alcohólicos. Una vez que los comedores compulsivos comienzan a comer, no pueden parar y comen compulsivamente, así como los alcohólicos agarran una borrachera. Luego salen de su compulsión sintiendo remordimiento, con una firme resolución de nunca volverlo a hacer – al igual que los alcohólicos. No es sorprendente que, al poco tiempo, comienzan a sentirse inquietos, irritables y descontentos.

Comienzan a sentirse mejor y empiezan a recordar esa sensación placentera inicial que obtienen, al comer chocolates o cualquiera de sus alimentos preferidos. El próximo paso es que sus mentes los han convencido de que pueden comerlos sin peligro. Por lo tanto, comen algunos chocolates y esto, a su vez, dispara su deseo imperioso físico, por lo que no pueden parar. Sus vidas se convierten en un infierno, así como les sucede a los alcohólicos. Su obsesión empieza a destruir sus vidas, así como las vidas de todas las personas que les rodean.

Todo esto sucede, no sólo porque tienen una reacción física al comer ciertos alimentos, sino porque tienen una obsesión mental de comerlos. Existe otra comunidad, llamada Comedores Compulsivos Anónimos, que utiliza el programa de Doce Pasos para ayudar a la gente a sobreponerse a sus obsesiones por ciertos alimentos.

Asimismo, existe una comunidad de personas que están obsesionadas con los juegos de azar, llamada Jugadores Compulsivos Anónimos. Utiliza el programa de Doce Pasos para ayudar a sobreponerse, no a un problema físico, sino a una obsesión por los juegos de azar. Hemos conocido a algunos jugadores obsesivos y sus vidas son exactamente como las vidas de los alcohólicos que aún están bebiendo. Juegan compulsivamente y pierden todo su dinero; luego sienten remordimiento y juran nunca volver a apostar. Pero tarde o temprano, comienzan a sentirse inquietos, irritables y descontentos. Surge su obsesión y sus mentes les convencen de que pueden hacer una apuesta de tan sólo dos dólares. Por supuesto, al poco tiempo no pueden parar y se ven envueltos dentro del ciclo una y otra vez. Su obsesión comienza a destruir sus vidas y las vidas de quienes les rodean.

Existe otro grupo de personas que están obsesionadas por lograr que otras personas dejen de beber. Este no es un chiste – es una obsesión real, y muy seria. Es exactamente como la obsesión que tienen los alcohólicos, los jugadores compulsivos y los comedores compulsivos. Estas personas harán cualquier cosa por lograr que otras personas dejen de beber. Los meterán a la cárcel. Los amenazarán con el divorcio. Les quitarán las llaves de sus autómoviles. Echarán de sus casas a las personas que beben, pondrán su ropa en el patio y luego dejarán que regresen a medianoche. Harán lo que sea para evitar que otra persona beba. ¿Y sabes qué? Durante este proceso, destruyen sus propias vidas así como las de todos quienes les rodean. Su obsesión hace que sus vidas se conviertan en un infierno. Finalmente, juran dejar de tratar de lograr que otras personas paren de beber. Durante algún tiempo dejan de corretear a esas personas, pero tarde o temprano se sienten inquietos, irritables y descontentos. Sus mentes comienzan a buscar la forma de sentirse cómodos de nuevo y surge su obsesión de nuevo. Son exactamente como los alcohólicos.

En pocas palabras: Todas las obsesiones son similares. No es importante el hecho de que seamos alérgicos al alcohol. Lo importante es que tenemos una obsesión dentro de nuestra mente y, sea cual fuere esa obsesión, la única manera de recuperarse es por medio de la mente misma. Eso implica encontrar una forma de vivir sin beber, o apostar, o comer compulsivamente, o lo que sea. Ese es el verdadero problema, no sólo de los alcohólicos, sino de la mayor parte de la raza humana en la actualidad.

La necesidad de un cambio psíquico

pag. xvi lins. 34-36 Si volvemos a leer lo que el Dr. Silkworth escribió en las líneas 34-36 de la página xvi, recordaremos que, para recuperarnos de nuestra obsesión por el alcohol, debemos sentir un completo cambio psíquico. Si pudiésemos encontrar una manera de sentirnos cómodos – en lugar de inquietos, irritables y descontentos – sin beber, entonces no nos sería necesario beber. El Dr. Silkworth dice que podemos encontrar una manera de sentirnos cómodos por medio de un cambio psíquico, un cambio en nuestra actitud mental y en nuestra manera de ver la vida.

pag. xvi lins. 1-5 Ya que no hay nada que hacer con respecto a la alergia que tiene tu cuerpo al alcohol, tu recuperación tendrá que darse a través de tu mente. En las líneas 1-5 de la página xvi, el doctor explica que, una vez que un cambio psíquico se ha dado, la misma persona que anteriormente parecía estar desesperanzada ya no tiene el deseo de beber. Lo único que se necesita es seguir unas cuantas reglas sencillas – los Doce Pasos.

A lo largo de los siguientes capítulos, examinaremos los Doce Pasos detalladamente, y te mostraremos exactamente cómo utilizarlos como un diseño de vida suficiente para tu recuperación.

CAPÍTULO SEIS

Aprendiendo de la historia de Bill W.

Hemos dedicado la mayor parte de los primeros cinco capítulos de este libro, para describir el problema del alcoholismo detalladamente. Hicimos énfasis en los detalles porque no puedes encontrar la solución a tu problema de alcohol, o a cualquier otro problema, sin entender completa y claramente cuál es ese problema.

Como alcohólicos, nuestro problema no consiste en una voluntad débil, ni falta de carácter moral, ni en un pecado. *Nuestro problema es que tenemos una enfermedad de dos caras: una alergia física que asegura que eventualmente perderemos el control al beber, y una obsesión de la mente que nos hace querer seguir bebiendo.*

No podemos hacer nada con respecto a la alergia física. Esa estará con nosotros por el resto de nuestras vidas. Por lo tanto, la recuperación tiene que darse por medio de nuestras mentes.

Sin embargo, si tan sólo utilizamos nuestros propios recursos, somos impotentes ante el alcohol. *Y debido a que somos impotentes ante el alcohol, nuestras vidas se han vuelto ingobernables.*

Esta definición del problema es el Primer Paso de los Doce Pasos.

Los Doce Pasos se encuentran escritos en las páginas 55 y 56 del Libro Grande. (También los encontrarás al final de este libro, en la página 174). Ellos forman un programa completo y práctico de recuperación para cualquier persona que sufra de la enfermedad de alcoholismo u otras

pags.
55-56

adicciones. A lo largo de este libro, nos referiremos con frecuencia a los Doce Pasos. Por el momento, nos gustaría que los leyeras lenta y cuidadosamente.

■ ■ ■

El Primer Paso dice: "Admitimos que éramos impotentes ante el alcohol, que nuestras vidas se habían vuelto ingobernables". Ese es nuestro problema. Ahora, para resolver nuestro problema de impotencia, necesitamos encontrar un Poder superior a nosotros. El resto de los Doce Pasos describe esta solución y nos muestra exactamente cómo encontrar ese Poder.

La historia de Bill W.

El Capítulo 1 del Libro Grande trata sobre la historia de Bill W. Primeramente, y antes que nada, es la historia de un hombre común y corriente que encontró la solución al problema del alcoholismo. La experiencia de Bill W. nos informa y asegura que existe una solución práctica para nuestro problema, y que esta solución puede ser utilizada por alcohólicos comunes y corrientes como nosotros.

La historia de Bill W. también sirve como ejemplo de todo lo que escribió el Dr. Silkworth en "La Opinión del Médico". Es un caso histórico – un ejemplo específico que demuestra e ilustra una serie de principios generales.

pags. 7-15 El Capítulo 1 también incluye los Doce Pasos. Si lees las páginas 7-15 cuidadosamente, observarás que Bill W. pasa por todos esos Pasos, uno por uno. Al ir leyendo este capítulo, puedes asomarte por encima de los hombros de Bill W. para examinar cómo alcanza y trabaja cada Paso. Por medio de estos Doce Pasos y debido a su confianza en un Poder Superior, finalmente logra volver al sano juicio.

Es fácil identificarse con Bill W. Su historia es muy parecida a las de muchos alcohólicos. Por supuesto que nosotros tenemos historias muy similares a la suya; nos podemos ver reflejados en casi cada párrafo del Capítulo 1. La historia de Bill W. te puede brindar inspiración y esperanza, al ver que alguien tan desesperanzadamente adicto al alcohol, como lo fue Bill W., puede recuperarse. Si él lo pudo hacer, cualquiera puede hacerlo.

Los dos autores de este libro somos pruebas vivientes

de esta verdad. Hace más de veinte años seguimos la pista de Bill W. y pusimos en práctica los Doce Pasos dentro de nuestras vidas. El resultado fue que ninguno de los dos ha bebido una copa en más de veinte años. Ambos teníamos el mismo problema que tenía Bill W. – y la misma solución que le funcionó a él nos ha funcionado a nosotros.

La historia de Bill W. ha sido el principio de esperanza y el comienzo de creencia para millones de personas. Cuando nosotros la leímos por primera vez, nos dijimos: *Si Bill W. pudo recuperarse, y nosotros somos tan parecidos a él, quizás también nos podemos recuperar.* Nosotros pudimos y lo hicimos, y tú también puedes.

Algunos dicen que no se pueden identificar con Bill W. porque era un poderoso corredor y especulador de bolsa neoyorquino, después de haberse graduado como abogado. Piensan que son distintos a Bill porque son trabajadores, o amas de casa, o estudiantes, o porque están desempleados. A estas personas se les olvida que Bill W. también estuvo desempleado durante años debido a su problema con el alcohol. Y esto le ocurrió después de haber tenido grandes logros en la bolsa, no antes. Poco después de haber hecho tratos muy exitosos, se encontró en la calle, demasiado obsesionado con el alcohol para lograr mantenerse. No, Bill W. no era una persona especial. Era igual que todos nosotros.

Si te encuentras leyendo esta parte de nuestro libro y aún no has leído el Capítulo 1 de *Alcohólicos Anónimos*, "La Historia de Bill", por favor léela ahora. Es un relato espeluznante, vívido y detallado del descenso de un alcohólico hacia la locura. Asimismo, es la historia inspirada y emotiva de su completa recuperación, así como su resultante salud física, emocional y espiritual.

Los Doce Pasos como un proceso natural

No repetiremos la historia de Bill W. aquí. El Libro Grande la cuenta mejor de lo que podríamos hacerlo nosotros. Pero nos gustaría hacer énfasis en los puntos donde Bill W. aceptó cada uno de los Doce Pasos, en orden, y como esos Doce Pasos le llevaron hacia el camino de la recuperación.

Por supuesto que, cuando él se recuperó, los Doce Pasos aún no se habían concebido como un programa de recuperación, ni se habían escrito. Sin embargo, Bill W. pasó por cada uno de ellos, ya que *los Doce Pasos describen el proceso natural por el que los alcohólicos y otras personas con adicciones pasan para recuperarse.* Los Doce Pasos son una descripción de un proceso de recuperación, no un conjunto artificial de ejercicios.

pag. 7   Sugerimos que ahora abras una copia del Libro Grande en la página 7 y observes con nosotros cómo fue que Bill W. llegó a entender y a poner en práctica cada uno de esos Pasos.

Después de haber bebido durante años, de haber tratado de resolver su problema utilizando tan sólo fuerza de voluntad y fallando miserablemente en sus intentos, Bill W. finalmente llega al Primer Paso. En las líneas 31-34 de la página 7, admite su impotencia ante el alcohol y se da cuenta de que su vida es totalmente ingobernable.

pag. 7
lins.
31-34

pags.
9-11

En las páginas 9-11, Bill W. describe su propio proceso de llegar a creer que un Poder Superior a él le podría devolver el sano juicio. Al final de la página 11, Bill W. detalla este hallazgo de un modo claro, elegante y bello. Este es el Segundo Paso.

pag. 12
lins.
10-12

pag. 12
lins.
14-17

La página 12 del Libro Grande describe el trayecto personal de Bill W. desde el Tercer Paso hasta el Paso Doce. En las líneas 10-12, adopta el Tercer Paso, humildemente ofreciéndose a Dios, como él lo concebía. Inmediatamente después, en las líneas 14-17, da el Cuarto, Quinto y Sexto Pasos: hace un inventario moral de sí mismo; se enfrenta a sus errores y los admite ante sí mismo, ante otro ser humano y ante Dios; y se encuentra enteramente dispuesto a dejar que Dios lo libere de sus defectos de carácter. El Séptimo Paso, donde formalmente le pide a este Poder Superior que lo libere de estos defectos, es implícito claramente.

pag. 12
lins.
19-23

En las líneas 19-23, Bill W. da el Octavo y Noveno Pasos: hace una lista de todas aquellas personas a quienes había ofendido, se encuentra dispuesto a admitir sus errores honestamente, y promete reparar los daños causados a esa personas.

pag. 12
lins.
24-26

En el resto de la página 12, así como en las páginas 13 y 14, podemos ver como Bill W. da los Pasos Décimo y Un-

48

décimo, así como el Paso Doce: continúa haciendo su inventario personal y admitiendo sus errores; busca, a través de la oración y meditación, mejorar su contacto consciente con Dios, como él lo concibe; y practica los principios básicos de honestidad, humildad y de seguir la voluntad de un Poder Superior a lo largo de su vida.

pag. 13
lins. 1-3,
24-36

pag. 14
lins. 1-3

Por medio de estas cuantas páginas, podemos seguir a Bill W. por cada etapa de su despertar espiritual y por cada etapa de su recuperación. Y en estas páginas podemos ver claramente que sí se recupero, y que los Doce Pasos sí funcionan – aún para los alcohólicos o adictos más desesperanzados.

El primer encuentro de Bill W. con el Segundo Paso ocurrió a fines de noviembre de 1934, cuando su amigo Ebbie lo visitó y le contó que había tenido un despertar espiritual. Había dado el Primer Paso en el Hospital Towns, durante su segunda estancia en ese lugar, donde había ido para desintoxicarse. Salió del hospital a los tres días, después de haber dado desde el Tercer Paso hasta el Paso Doce, y no volvió a beber una copa en treinta y seis años que le quedaron de vida.

En la historia de crisis y recuperación de Bill W., podemos ver un ejemplo exacto de lo que escribe el Dr. Silkworth en "La Opinión del Médico". Y ésto es lo que nos parece tan importante sobre la historia de Bill W.: Si eres un alcohólico o adicto a cualquier otra cosa, y te encuentras desesperado, y deseas dejar de beber o de usar, y has estado tratando de parar pero no lo has logrado, entonces te podrás ver reflejado en la primera parte de la historia de Bill W. Su historia – la miseria, la desesperanza, el fracaso – es igual a la tuya. Pero si deseas dejar de beber o de usar otras drogas y resolver tu problema, entonces puedes creer en la segunda mitad de su historia – su recuperación, su despertar espiritual, su sobriedad y muchos años de estabilidad y felicidad – podrían ser tuyos también. Lo que le ocurrió a Bill W. también te puede ocurrir a tí.

CAPÍTULO SIETE

La comunidad y la experiencia espiritual

¿Qué es la comunidad de A.A.?

Las personas en la comunidad de Alcohólicos Anónimos, así como los alcohólicos y otros adictos en general, proceden de una gran variedad de orígenes religiosos, económicos, sociales, políticos y ocupacionales. Provenimos de cualquier parte concebible del mundo. Esto es cierto tanto ahora como hace más de cincuenta años, cuando fue publicado por primera vez el Libro Grande. De hecho, el Capítulo 2 del Libro Grande comienza por asegurarnos que las personas en A.A. son personas promedio que provienen de todo el país* – personas como tú y yo.

Las personas forman grupos porque tienen algo en común. Lo que la gente en A.A. tiene en común es el alcoholismo. Si juntas a un grupo de alcohólicos e intentas hacerlos hablar de algo que no sea el alcoholismo, seguramente sería difícil entablar una conversación coherente. Es probable que la mayoría de las personas en A.A. jamás se hubieran llegado a conocer de no ser por la comunidad. Simple y sencillamente, sus caminos no se hubieran cruzado.

Entre las personas de A.A. existe una amistad y un entendimiento indescriptiblemente maravillosos – maravillosos porque A.A. logra unir a personas completamente distintas

---

* Desde que fue escrito el Capítulo 2 del Libro Grande, A.A. se ha desarrollado en 118 países alrededor del mundo, aparte de los E.U.A. (1989).

—EDITOR

entre sí. Existe mucha fuerza y apoyo en A.A. Las personas que sufren de alcoholismo llegan a A.A. y reciben fuerza y esperanza de otras personas que están recuperándose de la misma enfermedad. La gente en A.A. comparte un problema en común, y una solución en común: una vital experiencia espiritual que surge al trabajar los Doce Pasos. Una de las cosas espléndidas que tiene la comunidad es, que las personas que han estado en A.A. durante algún tiempo, y que han trabajado los Doce Pasos por sí mismos, dan apoyo a los nuevos miembros. Cuando un compañero tiene una experiencia espiritual y logra un cambio psíquico al trabajar los Doce Pasos, se convierte en un miembro veterano y apoya al nuevo compañero. Hemos visitado muchos grupos de A.A. y hemos visto que este arreglo funciona una y otra vez. Asimismo, hemos escuchado a otras personas decir que esto ocurre en otras comunidades de Doce Pasos, tales como Al-Anon, Cocaína Anónimos, Jugadores Compulsivos Anónimos, Narcóticos Anónimos, Comedores Compulsivos Anónimos, etc.

Conceptos Erróneos sobre la Comunidad

Alcohólicos Anónimos, al igual que otras organizaciones de Doce Pasos, puede ser un grupo de apoyo fuerte y efectivo. No es una religión, ni un culto, ni mucho menos un club. Debemos entender que es un grupo de apoyo – ni más, ni menos.

Al paso de los años, hemos encontrado a personas que no entienden ésto. Creen que la comunidad de A.A. es todo, el principio y el fin de la recuperación. Han hecho que A.A. sea algo más de lo que en realidad es, y opinamos que, al hacerlo, algunos de ellos pierden de vista el punto principal de la comunidad.

Esas primeras ciento y tantas personas que se reunieron y formaron A.A., hace más de cincuenta años no tenían una comunidad. Eran tan sólo aproximadamente cien personas, que ni siquiera se encontraban en el mismo lugar – algunas de ellas estaban en Akron, otras en Nueva York, y otras más en distintos lugares. No podían depender mucho de una organización o de una comunidad. *De lo que sí dependían era de un Poder Superior—el verdadero Poder de la recuperación—y de los Doce Pasos.*

Hoy en día escuchamos a algunos que dicen: "Asiste a noventa juntas durante los próximos noventa días, y todo estará bien". No hay nada malo con esto, pero no creemos que A.A. consiste en asistir a una junta diariamente. Esas primeras ciento y tantas personas no podían asistir a noventa juntas en noventa días. La comunidad de A.A. es muy útil e importante, pero no basta por si sola. *No puedes recuperarte de la enfermedad del alcoholismo con tan sólo asistir a juntas de A.A.* — así como tampoco te conviertes en un padre o madre al asistir a las juntas del Consejo Escolar. Creemos que esto también se aplica a otros comportamientos adictivos y sus respectivas comunidades de Doce Pasos. La recuperación no sucede por ósmosis. *El gran hecho es que hemos descubierto una solución común para esta enfermedad, que es la experiencia espiritual que resulta al trabajar los Doce Pasos.* Alcohólicos Anónimos y otras juntas de Doce Pasos te ofrecen apoyo y te ayudan a utilizar esos Pasos en tu vida diaria. Sin embargo, el asistir a juntas no provocará ese cambio psíquico que el Dr. Silkworth menciona en "La Opinión del Médico" – ese cambio que es necesario para tu recuperación. *Si realmente deseas resolver tu problema de adicción al alcohol o tus otras adicciones, creemos que debes trabajar los Doce Pasos.*

En algunos centros de tratamiento de alcoholismo y drogadicción, a las personas no se les dice mucho sobre A.A., fuera de que deben asistir a juntas una vez que hayan terminado su tratamiento. Y, sobre todo si les ha ayudado el tratamiento, la gente realmente cree que eso es todo lo que necesitan hacer. Pero la comunidad nunca podrá realizar el trabajo de los Doce Pasos por tí.

En lo que a esto se refiere, los Doce Pasos y A.A. son como ir a la escuela. Si estás en el noveno grado y quieres pasar al décimo grado, es necesario que asistas a clases con regularidad. Pero si vas a las clases y nunca estudias por tí mismo, no aprenderás mucho, y es muy probable que no pases del noveno grado. No basta con estar presente.

En la página 16, el Libro Grande explica exactamente lo que A.A. es, lo que hace, y lo que significa. Creemos que cuanto más nos atengamos a esta descripción, y menos pag. 16

53

tratemos de hacer que la comunidad se convierta en algo que no es, más éxito tendrán las personas dentro de la comunidad.

Reconociendo el alcoholismo

pag. 19
lin. 12-
pag. 23
lin. 23

En las páginas 19-23, el Libro Grande pinta un cuadro detallado y acertado de un alcohólico típico. Esto no quiere decir que cada detalle de esa descripción encajará con todo alcohólico; pero si eres alcohólico, apostamos a que te encontrarás en algún lugar de esa descripción. Nosotros definitivamente nos vemos reflejados en estas páginas – así eramos antes de dejar de beber, y antes de que comenzáramos nuestra recuperación. En nuestra opinión, una de las mejores cosas que el gobierno de los E.U.A. ha hecho durante los ultimos años, es educar al público en general sobre lo que realmente es el alcoholismo. Por medio de esta educación, la gente está aprendiendo a detectar los síntomas de la enfermedad de alcoholismo en sus inicios, tanto en ellos mismos como en personas que se encuentran cercanas a ellos. El resultado es que hoy en día los alcohólicos no tienen que hacer, ni ser todo lo que describe el Libro Grande para reconocer que son alcohólicos, ni para ser reconocidos como alcohólicos por otras personas. Gracias a Dios, actualmente existen más personas que buscan solucionar sus problemas antes de que empeore la situación y lleguen a arruinar, tanto sus propias vidas, como las de los que les rodean.

¿Qué es una experiencia espiritual?

pags.
23-24

Ahora nos gustaría enfocarnos en las páginas 23 y 24. El título del Capítulo 2 del Libro Grande es "Hay una Solución", y en estas páginas, la solución se nos describe tan claramente como la luz del día. Recordarás que en "La Opinión del Médico", el Dr. Silkworth dice que la clave para la recuperación consiste en un "cambio psíquico", que está descrito detalladamente desde la línea 36 de la página 23 hasta la línea 8 de la página 24.

pag. 23
lin. 36-
pag. 24
lins. 1-8

pag. 24
lin. 1

Este cambio psíquico es el resultado de una experiencia espiritual. En la línea 1 de la página 24, notarás que hay un 1 después de las palabras "experiencias espirituales profundas y efectivas". Una nota al pie de la página explica que este término es ampliamente explicado en el Apéndice II, que se encuentra en las páginas 268-269.

Esas dos palabras, "experiencias espirituales" son extremadamente importantes en el Libro Grande – tan importantes que el Apéndice II se agregó en la segunda publicación, para explicar lo que esas palabras significaban. Cuando fue publicada la primera edición del Libro Grande, no existía un 1, ni una explicación de lo que era una experiencia espiritual; el texto simplemente decía que tenías que tener esa experiencia y que debías determinar lo que era y si la habías tenido o no. Es fácil entender que muchos lectores de la primera publicación encontraron que ésto era vago o confuso, por lo que se agregó la explicación en las páginas 268-269 de la segunda publicación. El problema con poner un apéndice en cualquier libro es que muchas personas no lo leen. Pero el Apéndice II es una de las secciones mas importantes del Libro Grande. Si aún no lo has leído, sugerimos que hagas a un lado este libro hasta que hayas leído esas dos páginas.

pags. 268-269

El Apéndice II respondió preguntas que habían hecho muchas personas y seguramente resultó un suspiro de alivio colectivo. Algunos habían tenido la impresión de que una experiencia espiritual debía ser súbita y arrolladora, como la de Bill W. En ocasiones ocurre así, pero por lo general no sucede de ese modo. Bill W. dijo que, de las primeras cien personas en A.A., aproximadamente el 10 por ciento habían tenido experiencias espirituales súbitas. El 90 por ciento restante había tenido despertares espirituales más graduales – lo que el psicólogo William James definió como "una variedad educacional" de transformación espiritual. En este tipo de transformación, cambias gradualmente, a lo largo de meses o de años, conforme vas aprendiendo y aplicando los Doce Pasos en tu vida.

Aunque siguen ocurriendo experiencias espirituales, pensamos que son raros los cambios que ocurren súbitamente, de un día para otro. Para nosotros, la transformación ha sido gradual; de todas las personas con las que hemos trabajado durante los últimos dieciocho años, sólamente cinco han tenido experiencias espirituales súbitas. Estas experiencias son definitivamente reales, pero no ocurren muy a menudo. La mayoría de la gente tiene un despertar espiritual gradual.

Creemos que es de suma importancia entender que ambos tipos de despertares espirituales son fundamentalmente iguales. Uno no es mejor que el otro. Uno ocurre súbitamente, mientras que el otro ocurre gradualmente – pero ambos hacen lo mismo: producen un *cambio de personalidad* que resulta en tu recuperación.

pag. 268 El concepto clave del Apéndice II – y, en muchas formas, del Libro Grande, – es *el cambio*. Tan sólo en la página 268, las palabras *cambio, cambios, sacudimientos y transformaciones* aparecen nueve veces. El Libro Grande trata sobre el cambio.

pag. 25 lins. 24-36- pag. 26 lins. 1-2 En el Capítulo 2, desde las líneas 24-36 de la página 25 hasta las líneas 1-2 de la página 26, el Dr. Carl Jung, uno de los mas grandes psiquiatras de todos los tiempos, también habla sobre la enorme importancia que tiene el cambio – el tipo de cambio psíquico que surge de una profunda experiencia espiritual. Se refiere a los "enormes desplazamientos y reajustes emocionales" que suceden con una experiencia así. A esto exactamente se refería el Dr. Silkworth en "La Opinión del Médico", cuando dijo "cambio psíquico". Es evidente que, tanto un cambio psíquico, un cambio de personalidad, una experiencia espiritual, como un despertar espiritual, significan lo mismo: *cambio.*

Reuniendo la Información

Revisemos, por un momento, lo que varias personas sabían antes de que fuese publicado el Libro Grande y antes de que se iniciara la comunidad de A.A. Después, examinemos como se reunió toda esta información.

El Dr. Silkworth sabía que era necesario un cambio psíquico, pero no sabía, por lo menos al principio, cómo lograr ese cambio. El Dr. Jung se dió cuenta de que una vital experiencia espiritual ocasionaría ese cambio, y trató de encontrar maneras de producir esa experiencia en sus pacientes. El Dr. Silkworth entendió el problema completamente (Primer Paso) – una alergia física, junto con una obsesión de la mente. El Dr. Jung conocía la solucion (Segundo Paso) – una experiencia espiritual que provocaría un profundo cambio psíquico – pero no tenía muchos conocimientos sobre el problema de la adicción al alcohol. Ninguno de los dos doctores había desarrollado un plan de tratamiento.

Mientras tanto, los Grupos Oxford de los años treinta, sobre los que hablamos en el Capítulo Uno, *habían* desarrollado un plan de tratamiento, el cual era una versión primitiva de los Pasos Tres al Doce. Pero las personas de los Grupos Oxford no entendían completamente el problema de la adicción al alcohol, ni su solución.

Eventualmente, pedazo por pedazo, toda esta información llegó a manos de Bill W. Fue el primero en saber todo – una descripción acertada del problema, una descripción acertada de su solución, y un plan de acción para la recuperación. Es asombrosa la forma en que todo lo que Bill W. necesitaba saber llegó a él.

Una vez que Bill W. obtuvo esta información, él, junto con otras personas, la reunieron para lograr un programa de recuperación efectivo y práctico—el programa de Doce Pasos. Después pusieron esta información en un libro llamado *Alcohólicos Anónimos*. Después de la publicación del Libro Grande, se formó la comunidad de Alcohólicos Anónimos para propagar el mensaje de que se había encontrado la solución a la enfermedad del alcoholismo.

El Libro Grande contiene la información exacta que necesitas saber para tu propia recuperación.

En el siguiente capítulo, veremos algunos de los fragmentos más esenciales – que con frecuencia son los más malentendidos – de información contenidos en el Libro Grande.

CAPÍTULO OCHO

Sano juicio y espiritualidad

¿Qué quiere decir el Libro Grande con sano juicio?

En el Capítulo 3 del Libro Grande, "Más Acerca del Alcoholismo", Bill W. escribe sobre tres alcohólicos que conoció y la locura que experimentaron con respecto al alcohol. Al leer este capítulo, te será útil mantener en mente el Segundo Paso de los Doce Pasos:

Llegamos a creer, que un Poder superior a nosotros mismos podría devolvernos el sano juicio.

Examinemos bien esta frase. Primeramente, si nos han de devolver el sano juicio, entonces ésto quiere decir que, por lo menos en este momento, carecemos de sano juicio. La mayor parte del Capítulo 3 trata sobre la locura que surge directamente del alcoholismo.

Esta es un área sobre la que debemos enfocarnos. Muchos no entienden lo que el Libro Grande quiere expresar cuando se refiere a cordura. Cuando leen el Segundo Paso, dicen: "Sí, necesitan devolverme el sano juicio porque hago muchas locuras cuando bebo o uso drogas". Creen que el Libro Grande se refiere a lo que ocurre cuando beben o se drogan. Sin embargo, el Libro Grande está hablando sobre otro tipo de locura: la locura que nos controla antes de beber o de usar drogas – la locura que nos hace beber una copa o usar una droga. Las locuras que hacemos al estar borrachos o drogados, son ocasionadas por las reacciones que tenemos al usar alcohol o drogas, y no son locura.

En el Capítulo 5 de este libro, hablamos sobre la obsesión que nosotros los alcohólicos tenemos por beber esa primera copa. Asimismo, hablamos sobre otros tipos de obsesiones que no tienen nada que ver con el alcohol, pero que operan exactamente de la misma manera. El gran problema con una obsesión es que nos mantiene ciegos ante la verdad – no nos permite ver como son las cosas. Creemos en la mentira, en vez de en la verdad. Peor aun, actuamos basándonos en esa mentira, comportándonos como si fuese verdad. Considera lo siguiente: creer y actuar sobre una mentira es una forma de locura. Nuestra obsesión por beber o por usar otras drogas ocasiona que ignoremos la verdad y adoptemos una mentira. *Nuestra obsesión por el alcohol u otra droga o comportamiento nos hace estar locos.*

Cómo se mienten a sí mismas las personas

pag. 28
lins.
7-11

Los alcohólicos se dicen a sí mismos, creen y se comportan basándose en una variedad de mentiras que protegen su problema. Pero en las líneas 7-11 de la página 28 del Libro Grande, Bill W. explica la mentira más grande y peligrosa: que de algún modo, algún día podremos controlar, limitar y gozar el beber – que podremos beber como las personas normales. Nosotros sabemos, así como tú lo sabes, que esto es una mentira. Pero la persistencia de esta mentira es insólita. Algunos han muerto al intentar hacerla verdad, o han muerto tratando de probar, tanto a sí mismos como a los demás, que es verdad. Ese es el gran problema con las mentiras: No importa lo que hagas, nunca podrás hacerlas realidad.

pag. 28
lins.
14-16

En el siguiente párrafo, en las líneas 14-16, Bill W. explica que cualquier noción que tengamos de que somos como los no-alcohólicos, o que algún día nos volveremos como ellos, tiene que ser absolutamente destruida. Si creemos la mentira de que podemos beber o usar drogas en forma segura – o peor aún, basar nuestro comportamiento en esta mentira – entonces estamos sufriendo de un tipo de locura. Bill W. se refiere a esta mentira como una "obsesión", "ilusión" o "autoengaño". Las tres son formas de locura.

Si buscas las palabras *sano juicio* en el diccionario, verás que significan entereza mental. Una mente entera puede ver la verdad sobre casi todas las cosas. Las personas que tienen entereza mental pueden tomar decisiones basadas en la verdad, y generalmente sus vidas funcionan bastante bien. *Locura* significa que tu mente no está completamente entera, que no siempre puedes ver la verdad – o bien, si la ves, no siempre actúas basándote en ella. Locura no quiere decir que necesariamente seas un maniático desvariado, ni que necesites ser llevado a un manicomio – simplemente significa que no estás bien del todo.

En lo que al alcohol se refiere, nosotros los alcohólicos no estamos totalmente bien. Es posible que seamos muy inteligentes y estemos perfectamente sanos en todas las demás áreas de nuestras vidas. Quizás tomemos las decisiones correctas y actuemos en forma correcta con respecto a todo menos el alcohol. Pero cuando se trata de alcohol, se nos dificulta ver la verdad y actuar basándonos en ella. Creemos que podemos beber en forma segura, cuando la verdad es que no podemos beber sin tener graves problemas.

La mayor parte del Capítulo 3 del Libro Grande trata sobre ejemplos de personas que creyeron la mentira de que podían beber en forma segura. Nótese que todos ellos creyeron esa mentira *antes* de beber la primera copa. Fue esta mentira la que los convenció de beber esa primera copa, y de ahí la alergia se apoderó de ellos y no pudieron parar. Sus problemas no comenzaron después de haber bebido una copa. *Sus problemas comenzaron cuando creyeron y actuaron basándose en una mentira, mientras estaban sobrios.* La locura se presenta en la mente *sobria y consciente* de un alcohólico que bebe. No se trata de algo que aparece tan sólo cuando se ha comenzado a beber. El hombre de negocios jubilado que, después de haberse mantenido sobrio durante veinticinco años, murió al volver a beber (descrito en la página 30 del Libro Grande) es un excelente ejemplo de ello.

pag. 30 lins. 12-35

Otro individuo llamado Jim, sobre el cual habla y reflexiona Bill W. (páginas 33-36 del Libro Grande), es otro buen ejemplo. Jim sabía que tenía una obsesión por beber, por lo que fue a A.A. y logró un nuevo comienzo. Empezó a trabajar como vendedor y logró reunir a su familia nuevamente, a pesar de que anteriormente la había destruido por su manera de beber. Creemos que Jim trabajó sobre el Primer, Segundo y Tercer Pasos, pero nunca pasó de ahí. Nunca tuvo una experiencia espiritual ni trató de desa-

pag. 33 lins. 1-36 - pag. 36 lins. 1-7

rrollar su vida espiritual. Su problema fue que solamente llegó hasta el Tercer Paso.

La importancia de los Doce Pasos

A muchas personas se les olvida que los Doce Pasos están hechos con una secuencia deliberada, organizada y pensada cuidadosamente. El programa de recuperación del Libro Grande incluye todos los Doce Pasos. No se trata de tan sólo escoger tres o cuatro que te gusten. Además, no puedes hacer el Tercer Paso apropiadamente, si no has puesto en práctica el Primer y Segundo Pasos en tu vida. No puedes hacer un Cuarto Paso sin haber puesto en práctica el Tercer Paso, y así sucesivamente. Jim tuvo problemas porque llegó hasta el Tercer Paso y dijo: "Me siento bien, tengo un trabajo, mi familia está reunida de nuevo; hasta aquí llegué". Esa fue una ilusión, y poco tiempo después Jim cayó en manos de una ilusión mucho más seria: que podía encontrar una manera de beber alcohol. Se convenció a sí mismo de que si mezclaba el alcohol con leche y lo bebía después de haber ingerido alimentos, podría beber como las personas normales.

pag. 34
lin. 24

Es obvio que Jim llegó a esta conclusión cuando su juicio estaba alterado. En la línea 24 de la página 34, Bill W. se refiere a esto como "simplemente locura". Al igual que muchos de nosotros que somos alcohólicos, Jim pensaba cuerdamente sobre todo excepto el alcohol. Debido a su obsesión por la bebida, fabricó una mentira ridícula – luego creyó en ella y actuó, basándose en ella. Con respecto al alcohol, estaba loco.

pag. 35
lins.
12-35

En la página 35, Bill W. cuenta otra historia. Esta trata sobre un individuo imaginario que tenía la manía de cruzar a media calle. Siente cierto placer en saltar frente a vehículos que van a gran velocidad. Este es uno de nuestros ejemplos favoritos del Libro Grande.

Es fácil imaginar lo que le sucede a este individuo. Al principio, corre con suerte y logra cruzar a media calle sin resultar lastimado. Más tarde, la suerte lo abandona y es lastimado levemente varias veces. Sin embargo, sigue saltando frente a vehículos, hasta que se rompe un brazo. Jura dejar este hábito tan peligroso, pero reincide y al poco tiempo le rompen las dos piernas.

Aun así, no deja de cruzar a media calle y tarde o temprano pierde su trabajo, su esposa se divorcia de él y finalmente acaba internado en un centro de tratamiento. No logra sacar la idea de cruzar a media calle de su cabeza. Finalmente sale del centro de tratamiento y ese mismo día corre frente a un carro de bomberos. Este le pega y le rompe la columna vertebral.

Es muy claro que este individuo está loco. El Libro Grande se refiere a él de esa manera en la línea 35 de la página 35. *(pag. 35 lin. 35)*

Si substituimos la palabra "beber" por "manía de cruzar a media calle", nos encontramos con la historia de millones de alcohólicos. ¿Acaso ellos son menos locos que el pobre individuo que prácticamente murió por saltar frente a vehículos?

Afortunadamente, actualmente muchos alcohólicos llegan a A.A. y a los Doce Pasos antes de haber perdido todo – sus trabajos, sus familias y sus vidas. Corren con más suerte – y son más inteligentes – que nuestro individuo imaginario.

El papel central que juega la experiencia espiritual

Revisemos el Segundo Paso nuevamente:

Llegamos a creer, que un Poder superior a nosotros mismos podría devolvernos el sano juicio.

Hasta ahora, en este capítulo nos hemos enfocado en la última parte del Segundo Paso: la necesidad de que se nos devuelva el sano juicio. Pero, ¿qué nos podrá devolver el sano juicio? Según el Libro Grande, no es nuestra fortaleza interna, ni fuerza de voluntad, ni determinación, ni alguna creación humana. Ninguna de estas basta. Como seres humanos, no podemos devolvernos el sano juicio a nosotros mismos. Necesitamos la ayuda de un Poder Superior, un Poder superior a nosotros mismos.

Si lees el Capítulo 3 del Libro Grande cuidadosamente, notarás que enfatiza la importancia de tener una experiencia espiritual. Bill W. la menciona en la historia de Jim, en las líneas 21-22 de la página 33. Juega un papel importante en la historia de otro alcohólico, un individuo llamado *(pag. 33 lins. 21-22)*

pag. 39 lins. 25-35	Fred, en las líneas 25-35 de la página 39. Fred parecía ser un caso completamente desesperanzado – hasta que descubrió los principios espirituales que le resolverían todos sus problemas, incluyendo su problema con el alcohol. Y
pag. 40 lins. 27-31	el último párrafo del Capítulo 3 dice: *El alcohólico no tiene ninguna defensa mental efectiva contra la primera copa*. Su defensa tiene que venir de un Poder Superior.
pags. 28-40	Quizás quieras volver a leer el Capítulo 3. Al hacerlo, notarás que todo el capítulo te lleva hacia el último párrafo.

■ ■ ■

El Capítulo 3 no se anda por las ramas. Dice claramente que, excepto en unos cuantos casos raros, la ayuda de un Poder Superior es esencial para nuestra recuperación. Al principio esto les parece extraño a muchos. Durante algún tiempo, cuando ambos nos involucramos en A.A., también nos pareció extraño. Debido a la forma en que habíamos sido criados, al oir palabras como "principios espirituales" y "Poder Superior", lo que nos venía a la mente eran imágenes del infierno e ideas del pecado. No estabamos seguros de querer ser parte de eso. Repentinamente, nos encontramos frente a la idea de que, o teníamos una experiencia espiritual, o moriríamos. Nos encontrábamos en un verdadero dilema.

Muchos alcohólicos como nosotros tienen preguntas y dudas sobre la religión. De hecho, muchos de nosotros hemos dedicado gran parte de nuestro tiempo a discutir sobre la religión, sentados en bares. Quizás has pasado por la iglesia un domingo por la mañana, pensando: *Mira esos tontos entrando ahí, arrodillándose y rezándole a alguien en quien ni siquiera creen. Son un montón de hipócritas.* Lo último que quieres hacer es convertirte en un fanático religioso.

Por ese motivo, el siguiente capítulo del Libro Grande se llama "Nosotros los Agnósticos". Recuerda, Bill W. era uno de nosotros. El nos conocía bien. Se sentía como nosotros, y debe haberse dicho a sí mismo: "Tendré que escribir algo sobre esta idea de espiritualidad, porque si no lo hago, muchos serán incapaces de leer mas allá del Capítulo 3".

El resultado fue que escribió una de las mejores piezas de información sobre la espiritualidad que hemos leído.

CAPÍTULO NUEVE

La diferencia entre fe y creencia

Sentimos un afecto especial por el Capítulo 4 del Libro Grande, "Nosotros los Agnósticos". Aquí es donde Bill W. describe, discute y explica la experiencia espiritual detalladamente. Pensamos que su explicación es maravillosamente sencilla, directa y sensible.

Cuando la mayoría de la gente escribe sobre la espiritualidad, hacen un esfuerzo enorme por tratar de probar la existencia de Dios; a menudo, logran que el lector se aleje. Sin embargo, Bill W. no utiliza este enfoque. Por el contrario, nos brinda un pequeño procedimiento sencillo a seguir que nos permite, a cada uno de nosotros, encontrar a Dios, como nosotros lo concebimos, por nosotros mismos. No se vuelve demasiado complicado.

Una de las cosas raras sobre el alcoholismo es, que a pesar de ser una enfermedad mortal, es posible salir de ella en mejor forma que cuando te diste cuenta que la tenías. Lo que hace que esto sea posible, es, el tipo de experiencia espiritual sobre la que habla el Capítulo 4 del Libro Grande. El alcoholismo – y prácticamente cualquier otra adicción – es una enfermedad única porque, con muy pocas excepciones, lo único que funciona para sobreponerse a ella es una experiencia espiritual.

La búsqueda de una experiencia espiritual

A un ateo o agnóstico, tener una experiencia espiritual le debe parecer verdaderamente imposible. Sin embargo, examinemos este tema minuciosamente y veamos a que conclusión llegamos.

Una vez que has aceptado el Primer Paso, admitiendo que eres impotente ante el alcohol y que tu vida se ha vuelto ingobernable, has descubierto que continuar bebiendo sería desastroso. También es desastroso seguir dependiendo completamente de tí mismo para dejar de beber. Si ahora ya sabes que no puedes depender de tí mismo, entonces tus alternativas se reducen a depender de un Poder superior a tí mismo, o a estar condenado a tener una muerte alcohólica. No es fácil afrontar estas alternativas, pero son las únicas que tienes. Si realmente deseas recuperarte de la enfermedad del alcoholismo u otra drogadicción, necesitas tener una experiencia espiritual.

pag. 41
lins.
16-26

Afortunadamente, no es difícil ni poco usual tener una experiencia espiritual – aún para los ateos o agnósticos. En el tercer párrafo de la página 41, el Libro Grande dice que casi la mitad de los cien miembros originales de A.A. habían sido ateos y agnósticos anteriormente. A pesar de ello, cada uno de ellos tuvo una experiencia espiritual, dejó de beber y se recuperó. Este párrafo también afirma que no es difícil ni poco usual tener esa experiencia.

Una vez que has aceptado el Primer Paso, te has dado cuenta de que cualquier cosa que salga de tus propios recursos – voluntad, esfuerzo, filosofía, moralidad, metas o buenas intenciones – no resolverá tu problema. No bastan tus propios recursos humanos. Ahora, el Primer Paso se ha convertido en el cimiento de tu recuperación.

El Segundo Paso es la primera piedra puesta en ese cimiento. En el Primer Paso, estás dispuesto a cambiar; el Segundo Paso implica creer que ese cambio es posible.

Optar por creer

pag. 42
lins.
13-15

Las líneas 13-15 de la página 42 son dos frases muy interesantes; por si fuera poco, son dos de las frases claves contenidas en el Libro Grande. Primero, no dicen que un Poder Superior será una especie de ayudante o asistente útil. No dicen que este Poder te ayudará o te facilitará resolver tu problema. *Dicen que este Poder resolverá tu problema.* Además, estas dos frases dicen claramente que el objetivo principal del Libro Grande es habilitarte para que encuentres ese Poder. Desde aquí hasta la página 151, el Libro Grande no habla mucho más sobre el alcohol. Más bien, su enfoque se encuentra en cómo encontrar el Poder que resolverá tu problema.

El sencillo procedimiento para encontrar ese Poder, comienza en la línea 8 de la página 44. Comienzas por preguntarte: ¿Crees, o estás dispuesto a creer, en un Poder Superior? pag. 44 lins. 8-10

Examinemos esta pregunta cuidadosamente. Se basa en el concepto de *creencia*. Creer es el principio de cualquier cosa que llevemos a cabo en nuestras vidas. La creencia antecede a cualquier acción y es la semilla de todas las acciones. Si no creemos que algo es posible, por lo general ni siquiera nos molestaremos en intentar lograrlo. Creer es lo primero.

Si deseas cambiar, primero tienes que creer que *puedes* cambiar. De eso se trata el Segundo Paso. En el Primer Paso, admites que tienes que hacer un cambio; en el Segundo Paso, crees que ese cambio es posible. Si no crees que puedes cambiar, entonces no lo harás.

Muchas personas confunden la creencia con la fe. Sin embargo, la fe es muy distinta a la creencia. La creencia *antecede* a una acción o decisión; la fe viene *después*, como resultado de una acción o decisión.

Supón que acabas de mudarte a un pueblo nuevo, donde no conoces a nadie. Un día comienza a darte problemas tu automóvil, por lo que decides arreglarlo. Llamas a la puerta de tu vecina, te presentas a ella y le preguntas: "¿Conoces a un buen mecánico por aquí?" Ella recomienda a un hombre llamado Mel y te dice: "Mel trabaja bien. Yo le he llevado mi automóvil desde hace muchos años". Entonces, decides llevar tu automóvil a Mel.

Nunca has conocido a Mel y desde hace tan sólo cinco minutos conoces a la persona que te lo recomendó. Sin embargo, decides llevarle tu automóvil porque crees que tu vecina está diciendo la verdad, y que tiene buen juicio en lo que se refiere a mecánica automotriz. De momento, por lo menos, también crees que probablemente Mel sí trabaja bien. Aún no tienes *fe* en Mel, sólo creencia. Pero esta creencia basta para que tomes una decisión y actúes.

Digamos que Mel trabaja en tu automóvil, lo repara, correcta y velozmente, y cobra un precio justo. Quedas complacido con su trabajo, por lo que cuando vuelves a tener un problema con tu automóvil, aproximadamente un año después, regresas con él para que lo repare. Sin embargo, en esta ocasión regresas con la fe de que Mel pueda arreglar tu automóvil, ya basado en la experiencia que tuviste. Creemos que muchas personas tienen problemas con el Segundo Paso porque confunden la creencia con la fe. Quieren o esperan tener fe, antes de empezar. *Pero no puedes tener fe antes de empezar.* Solamente puedes comenzar con la creencia. La fe debe venir después. Primero, crees; luego, tomas decisiones y actúas; después, si tus decisiones y acciones dan resultado, puedes comenzar a desarrollar fe—*sólo entonces.* La creencia es la causa de tus acciones; la fe es el resultado de ellas.

El proceso del éxito

pag. 48
lins. 2-4
En las líneas 2-4 de la página 48, Bill W. menciona a Cristobal Colón, que era un vivo ejemplo de alguien que primeramente creyó y luego desarrolló fe como resultado de esto. Probablemente sabes que, en el tiempo de Colón, algunos de sus contemporáneos creían que la tierra era plana. Pero Colón tenía la idea de que era redonda. Ahora bien, no estaba seguro de ello, pero creía que esto era verdad. Debido a esta creencia, hizo su primera expedición famosa, la cual después transformó al mundo – sus mapas, sus economías y las vidas de millones de personas.

Lo que hizo la diferencia es que Colón decidió actuar, basándose en su creencia; decidió poner a prueba su creencia al viajar hacia el oeste, mas allá de lo que había navegado cualquier otra persona. Claro, después de algunas semanas, obtuvo resultados por sus acciones – llegó a América. Aunque pensó que había llegado a tierras en Asia, comprobó que la tierra era redonda.

Colón llevó a cabo tres viajes más hacia el oeste. Pero después de su viaje original, ya no estaba basándose en una creencia. Tanto él como los marineros que viajaron con él estaban operando con fe – fe de que la tierra era redonda y que no caerían por la borda. Tenían esta fe debido a lo que Colón había descubierto durante su primera expedición.

Colón siguió un proceso sencillo – el proceso del éxito. Es el mismo proceso que puedes aplicar en tu propia vida, sin importar quién eres o cuáles son tus circunstancias. Siempre lo puedes utilizar para cambiar, tanto a tí mismo, como tu situación. Es así de fácil: Primero, tienes una creencia; después, tomas una decisión; luego, actúas y obtienes resultados que surgen de esa creencia. Después, si has obtenido los resultados deseados, ya no solamente crees – lo sabes. Tienes fe.

Los Doce Pasos están hechos en base a esta fórmula. En el Primer Paso, estás dispuesto a cambiar porque te has dado cuenta de que eres impotente por tí mismo y, solo, no puedes cambiar tu situación. En el Segundo Paso, llegas a creer en la posibilidad de cambiar y en la posibilidad de que un Poder pueda lograr que ocurra ese cambio. En el Tercer Paso, tomas una decisión basada en esa creencia. Desde el Cuarto hasta el Undécimo Pasos, actúas, basándote en tu creencia y decisión. Al llegar al Paso Doce, y no antes de llegar a él, has obtenido tus resultados – un despertar espiritual, un cambio psíquico y una recuperación de la enfermedad del alcoholismo.

Existen Doce Pasos para la recuperación, pero estos se dividen en un proceso mucho más sencillo: creer, tomar una decisión, actuar y obtener resultados.

Hace más de veinte años, ambos llegamos a creer que un Poder superior a nosotros mismos podría devolvernos el sano juicio. Hoy en día, *sabemos* que existe ese Poder y que este Poder nos devolvió el sano juicio.

Hay una enorme diferencia entre simplemente creer en algo y *saberlo*, tener fe genuina en él. Cuando inicialmente nos involucramos en A.A., creíamos en la posibilidad de un Poder Superior; actualmente *sabemos* que existe tal Poder. Hoy tenemos fe – que no está basada en una esperanza ni en un deseo, sino en nuestra propia experiencia.

Hicimos lo mismo que Colón: Creimos, decidimos, actuamos, y obtuvimos resultados. Tú puedes hacer exactamente lo mismo. De hecho, ésto es exactamente lo que tanto nosotros como el Libro Grande te estamos pidiendo que hagas. Cree, decide, actúa y ve que tipo de resultados obtienes. Luego, basa tus siguientes acciones en estos resultados.

¿Qué es un Poder Superior?

Pensamos que las líneas 17-32 de la página 51 forman dos de los párrafos más importantes del Libro Grande. Estos párrafos nos muestran exactamente dónde radica nuestro Poder Superior y dónde podemos encontrarlo: en lo más profundo de nosotros mismos. Cuando éramos pequeños, teníamos la imagen de Dios como un hombre mayor, de gran estatura, que vivía en el cielo. Tenía un halo dorado alrededor de su cabeza, del cual salían rayos de sol. En aquellos tiempos, pensábamos que Dios tenía que estar en las nubes. Sin embargo, eso no es lo que quiere decir la palabra "Superior" cuando decimos "Poder Superior" – significa algo más grande y más poderoso que nosotros mismos.

La existencia de Poder superior a nuestro *ser* – a nuestro yo individual – es un hecho tan real como nuestra existencia física. Este Poder Superior ha estado presente a lo largo de nuestras vidas y a lo largo de las vidas de todos aquellos que hayan habitado en este planeta. No es nada nuevo. Podemos llamarle nuestra conciencia, nuestra inteligencia interior, el Espiritu, el Ser Supremo, o Dios. No importa como lo llamemos. Pero en lo más profundo de cada hombre, mujer y niño existe una idea o conciencia fundamental de este Poder Superior. La mayoría de nosotros ha sentido a este Poder alguna vez – en forma de una inspiración, una presencia o una inteligencia. A menudo toma la forma de una voz que se encuentra dentro de nuestro ser, generalmente en algún lugar muy profundo. Ambos hemos tenido esa experiencia muchas veces.

Ahora bien, si es cierto que Dios vive dentro de cada ser humano, entonces eso significa que cada uno de nosotros tiene su propio Dios o Poder Superior personal. Y cada uno de nosotros, así como nuestro Poder Superior, puede unirse en términos sencillos y comprensibles. No tienes que preocuparte si tu Dios no es el Dios de los bautistas, ni de los católicos, ni de los judíos, ni de los hindúes. No tienes que forzosamente contar con un sacerdote, con una filosofía compleja, ni con la sanción de otra persona para contar con un Poder Superior. Ni siquiera tienes que darle el nombre de "Dios" a tu Poder Superior.

No tienes que pertenecer a una religión ni decir que eres una persona religiosa. Sin embargo, si eres un creyente devoto en una religión en particular, eso tambien está bien. No tienes que apartarte de tu iglesia ni convertirte a otra religión.

El Libro Grande es muy explícito sobre este tema. Desde la línea 18 hasta la 31 de la página 26, el Libro Grande explica que existen muchas maneras distintas para adquirir fe, y que las personas que estén afiliadas a cualquier religión no encontrarán nada en el Libro Grande ni en la comunidad de A.A. que se oponga a sus propias creencias. pag. 26 lins. 18-31

Para muchos, ésta es una nueva forma de entender a Dios. Y con este nuevo entendimiento, están preparados y capacitados para seguir adelante con el Tercer Paso.

CAPÍTULO DIEZ

Obstinación

Ahora hemos revisado hasta el Capítulo 4 del Libro Grande, y hemos comenzado a entender lo que el Libro Grande quiere decir al referirse a una "experiencia espiritual" y un "Poder Superior". Hemos llegado al Capítulo 5, "Cómo Trabaja", dónde Bill W. comienza a decirnos cómo llegar a adquirir sobriedad. Sugerimos que ahora te detengas y leas el comienzo del Capítulo 5, desde el principio de la página hasta la línea 23 de la página 56. Se ha convertido en tradición de muchos grupos de Alcohólicos Anónimos abrir las juntas con esta lectura.

pag. 54-pag. 56 lin. 23

■ ■ ■

Por favor toma nota – o por lo menos haz una nota mental – de que puedes encontrar todos los Doce Pasos en las páginas 55-56. O, si así lo prefieres, copia los Doce Pasos y manténlos en una hoja por separado para después referirte a ellos. (También podrás encontrar los Doce Pasos en la página 172 de este libro). Encontrarás que a menudo te será necesario referirte a uno o más de estos Pasos en el futuro.

Los Doce Pasos son más que una lista de ideas o sugerencias: son un diseño para vivir. Pensamos que son la mejor muestra de cómo podemos vivir una forma de vida completamente espiritual.

Decidiendo actuar

Ahora que has admitido que eres impotente ante el alcohol u otra adicción y que has llegado a creer que un

Poder Superior a tí mismo puede devolverte el sano juicio, te encuentras listo para el Tercer Paso, que implica decidir poner tu voluntad y tu vida al cuidado de ese Poder Superior.

pag. 56
lin. 24-
pag. 58
lins.
1-30

Examinemos el Tercer Paso más de cerca, comenzando con la palabra "decidimos". Esta es una de las palabras claves de los Doce Pasos y de todo el Libro Grande, ya que representa el eslabón entre la comprensión y la acción. Para encontrar la solución a cualquier problema, primeramente tienes que comprender cuál es el problema—pero entender no basta. También tienes que actuar, después de haber comprendido. Y, para poder actuar, tienes que *decidirte* a actuar. Es imposible tomar acción sin que, de algun modo, te digas a tí mismo: "Esto es lo que haré". Si una decisión no es seguida por una acción, en esencia esa decisión no vale nada. Si tienes hambre y decides comer, pero en realidad no comes algo, no te alimentarás, y aún tendrás hambre. Tu decisión de comer fue inútil, porque no actuaste. Si no hubieras tomado la decisión, el resultado habría sido el mismo. De hecho, daría lo mismo que hubieses decidido hacer *lo opuesto* y seguir hambriento.

Hace algunos años, decidimos visitar Los Angeles. Pero no hicimos nada al respecto – no reservamos habitaciones en el hotel, no compramos boletos de avión, y ni siquiera organizamos nuestro tiempo para la visita. Por supuesto, no fuimos a Los Angeles. Al final de cuentas, nuestra decisión de ir fue insignificante, porque no actuamos sobre ella.

Sin embargo, aproximadamente un año después, decidimos ir a Los Angeles otra vez. En esta ocasión, pusimos las maletas en el automóvil, lo llenamos de gasolina, y manejamos hacia el oeste. Claro, después de algunos días llegamos a Los Angeles – no porque simplemente decidimos ir, sino porque tomamos la acción necesaria para llevar a cabo esa decisión.

El Tercer Paso implica tomar una decisión clave – poner tu voluntad y tu vida al cuidado de tu Poder Superior. Las acciones necesarias para llevar a cabo esta decisión se encuentran incluidas desde el Cuarto hasta el Noveno Pasos.

Poniendo tu voluntad y tu vida al cuidado de Dios

Ahora que hemos comprendido el significado de la palabra "decisión", examinemos otro par de palabras contenidas en el Tercer Paso. Se supone que debes poner tu *voluntad* y tu *vida* al cuidado de tu Poder Superior. Pero, ¿qué es tu voluntad, exactamente? Si reflexionas un momento, te darás cuenta de que no es nada más que tu mente y tu manera de pensar. Tu voluntad es algo en tu cabeza que te dice qué hacer.

Y, ¿qué hay con tu vida? Tus acciones son tu vida – la suma total de todas las acciones que has tomado a lo largo de tu vida. Todas estas acciones han hecho lo que tú eres y te han puesto donde estás en este momento.

Te diremos de una buena vez que el Tercer Paso puede atemorizar a algunas personas, por lo menos al principio. Cuando nosotros llegamos por primera vez a A.A., nos asustó muchísimo. El Tercer Paso nos pedía que pusiéramos nuestras voluntades y nuestras vidas al cuidado de un Poder Superior, pero no sabíamos qué es lo que ese Poder quería que hiciéramos. ¿Qué tal si a nuestro Poder Superior se le ocurría que nos convirtiéramos en misioneros en algún lugar lejano, al cual definitivamente no queríamos ir?

Uno de nosotros le admitió este temor a su padrino de A.A. Esta persona simplemente se rió. Dijo: "Revisa tu vida. A lo largo de ella, has sido un ser humano egoísta, concentrado en tí mismo. Siempre has pensado lo que quieres pensar, has tomado las decisiones que querías tomar, y has actuado como querías actuar. Mira a dónde te ha llevado eso. El resultado final de pensar, decidir y hacer lo que querías es que casi has destruido tu vida, así como las vidas de todos los que te rodean. ¿Te atemoriza deshacerte de esto? Quizás si un Poder Superior pudiese dirigir lo que piensas, tus pensamientos mejorarían. Y si tu pensamiento mejora, entonces tal vez tus acciones mejorarían – y entonces quizás tu vida, al igual que las vidas de los que te rodean mejorarían también".

Asimismo, dijo: "Ya te has dado cuenta de que no tienes salida, utilizando tus propios recursos. Tan sólo seguirás pensando como siempre lo has hecho, y seguirás actuando como siempre lo has hecho. Seguirás obteniendo los mismos resultados, y tu vida seguirá siendo un infierno. Tu Poder Superior de ninguna manera hará que tu vida sea peor de lo que es ahora – por lo tanto, es posible que tu Poder Superior hará que tu vida sea mejor". Por supuesto, tenía razón. Poner tu voluntad y tu vida al cuidado de un Poder Superior generalmente no es rápido ni sencillo. No lo puedes hacer de un momento para otro. Implica una decisión y muchas acciones y trabajo para cambiar tu vida. Así fue para nosotros y para muchos otros alcohólicos en recuperación que conocemos. Si has estado viviendo una vida llena de voluntad propia durante años, es muy difícil decir: "Está bien. Esto parece un callejón sin salida, así es que de aquí en adelante me pondré al cuidado de mi Poder Superior". No es tan fácil como cambiar tu marca de café o pasta dental. Para la mayoría de nosotros, no es tan fácil, y lleva tiempo poder hacerlo.

La naturaleza de la voluntad propia

Necesitamos hablar un poco sobre la obstinación, ya que muchos malinterpretan lo que significa y cómo funciona. Primero, la voluntad propia es parte de la vida de todas las personas. No estamos diciendo que la voluntad propia sea mala, y el Libro Grande tampoco dice eso. De hecho, la voluntad propia es algo que nos ha dado Dios, y forma parte de quienes somos. No seríamos seres humanos completos si careciéramos de ella. Es necesario y vital tener un sentido del yo en la vida.

Todos nuestros instintos son formas de voluntad propia. Tenemos instintos de supervivencia, de comer, de alojamiento, de buscar compañia, sexuales, y hasta de autoestima y orgullo. Sin embargo, cuando nuestros instintos crecen demasiado y están fuera de control, se vuelven destructivos para nosotros, así como para los demás. *Si nuestro sentido del yo no está controlado, se convierte en la cosa más destructiva de nuestras vidas.*

Cada uno de nosotros se parece a una casa. Para lograr que esta casa sea habitable y completa, necesita utilidades – agua, electricidad, y quizás gas natural. La mayor parte del tiempo, estas utilidades hacen que tu casa sea más cómoda y que tu vida sea más placentera. Pero si una de ellas pierde el control, acabas con un incendio o inundación, y tu casa puede ser destruida. Nuestra voluntad y nuestros instintos son como las utilidades en una casa. Cuando son utilizados apropiadamente, de acuerdo a sus propósitos originales, pueden hacer que tu vida sea mas tranquila y plena. Pero si son incontrolables, pueden ocasionar daños terribles para ti y para los demás. De hecho, la fuerza más destructiva de este mundo es la voluntad propia incontrolada de los seres humanos.

Nos podemos meter en graves problemas cuando nos proponemos metas basadas en las razones equivocadas. A la mayoría de nosotros, durante nuestra infancia, se nos enseña a proponernos metas y, luego, a trabajar árduamente para alcanzarlas. Asimismo, se nos enseña que a menudo es necesario hacer sacrificios para alcanzar esas metas. Pero cuando alcanzamos una meta, repentinamente somos recompensados – con dinero, con seguridad, con sexo, con una posición social, o con el respeto y la aprobación de los demás. También somos recompensados con una sensación de éxito y logro. Todo eso se siente maravilloso.

No hay nada malo con proponernos metas. Pero veamos qué puede ocurrir una vez que hemos alcanzado esa meta propuesta, cualesquiera que ésta sea. Al principio, se siente fantástico; nos sentimos en la cima del mundo. Pero desafortunadamente, por lo general, esta sensación no es muy duradera. Al poco tiempo de haber obtenido lo que queríamos y por lo que trabajamos tanto, nos podríamos encontrar mirando a nuestro alrededor, diciendo: "¿Y ésto era todo?"

Por lo tanto, nos proponemos nuevas metas, y trabajamos árduamente por alcanzarlas. Eventualmente alcanzamos esa meta, y nos sentimos bien por un rato – pero, al igual que antes, comienza todo el proceso de nuevo. Se ha convertido en una noria.

Lo curioso es que no nos encontramos satisfechos por alcanzar nuestras metas. Por el contrario, todo este proceso de proponernos metas, de esforzarnos y de obtener logros parece crear dentro de nosotros un deseo insaciable por tener aún más poder, más reconocimiento, más prestigio, más sexo o lo que sea. Entonces comenzamos a sentir como que no estamos llegando ahí con suficiente rapidez; que los demás no nos estan dando las recompensas con la velocidad que deseábamos o en la forma que creíamos merecerlas.

Al poco tiempo, podríamos empezar a tomar algunos atajos. Quizás digamos unas cuantas mentiras o manipulemos un poco. Claro, cada vez que lo hacemos lastimamos a otros, los cuales a su vez buscan venganza y esto nos ocasiona dolor y sufrimiento. Así, acabamos en un profundo conflicto con otras personas.

Este ciclo puede ocurrir con cualquiera de nuestros instintos, trátese de nuestro instinto de aceptación social, seguridad económica, sexo o lo que sea.

Quizás has estado buscando prestigio o el respeto de los demas. Es posible que hayas logrado el puesto de jefe o presidente. Además, estás al mando de los voluntarios del Departamento de Bomberos y eres miembro de la Sociedad de Padres de Familia. Todo eso es muy impresionante. Pero tan pronto te encuentras donde querías estar, deseas alcanzar un puesto más alto. Quieres parecer más importante ante los ojos de los demás.

O quizás estés tratando de alcanzar seguridad económica. Después de trabajar árduamente durante veinte años, tienes casa propia, automóvil, y dinero en el banco. Te sientes bien durante algún tiempo – pero no puedes dejar de notar que tu vecino está manejando un Cadillac nuevo, mientras que tú tienes un Chevrolet desde hace tres años. Al poco tiempo, empiezas a desear un Cadillac nuevo también.

O quizás tengas un interés particular en el sexo. Cada vez que tienes relaciones sexuales, te sientes maravillosamente. Lo único malo es que duran poco. Al poco tiempo de tenerlas, comienzas a pensar en tenerlas otra vez. Luego empiezas a pensar en tener relaciones sexuales con diferentes personas, en diferentes lugares y en diferentes formas. Luego, te encuentras teniéndolas en el momento equivocado, en el lugar equivocado, y con las personas equivocadas. Lo curioso es que, en vez de que te satisfagan, te crean un deseo insaciable por tener más. De pronto te encuentras lastimando a otros, debido a tu búsqueda por satisfacer tus propios deseos; y ellos, a su vez, se desquitan y esto te ocasiona sufrimiento.

No importa que andes buscando prestigio y respeto, seguridad económica o sexo; eventualmente te verás tentado a lastimar a otros, o a entrometerte en sus caminos, con tal de perseguir tus propias metas. Si te rindes ante esta tentación, la mayoría de las personas se desquitarán, pronto te encontrarás en medio de mucho dolor y sufrimiento.

¿Algo de ésto te suena familiar?

Nos es muy claro que una vida basada en voluntad propia casi nunca será exitosa ni feliz. Si se nos deja a nuestros propios recursos, encontraremos que satisfacer nuestros instintos básicos puede ser placentero, pero es tan temporal y veloz que nos vemos envueltos en tratar de satisfacerlos una y otra vez. Casi invariablemente nos excedemos, y satisfacer nuestros instintos se convierte en una obsesión. Y cuando nos excedemos, entramos en conflicto con otras personas y les ocasionamos dolor y dificultades. Eso nos roba la posibilidad de tener paz mental. En lugar de ganar algo, acabamos perdiendo – y, por si fuera poco, lastimando a otros.

Esto es lo que dice el Dr. Silkworth en "La Opinión del Médico" en las líneas 27-30 de la página xvi del Libro Grande: Cuando estamos sobrios, estamos inquietos, irritables y descontentos. A menudo, también estamos llenos de verguenza, temor, culpa y remordimiento. Y esto es lo peor de todo: *Si se nos deja a nuestros propios recursos, siempre permaneceremos así, debido a nuestros instintos y voluntad propia.* pag. xvi lins. 27-30

Pero si podemos dejar que nuestro Poder Superior controle nuestra voluntad e instintos, para que éstos puedan operar al nivel apropiado, entonces quizás no nos sintamos tan inquietos, irritables y descontentos y podamos vivir sin tanto conflicto y sin ocasionar tanto daño a los demás. Entonces no tendríamos que sentir la verguenza, el temor, la culpa y el remordimiento que resultan de lastimar a otros.

Encontrando la liberación del egoísmo

Como seres humanos, cada uno de nosotros tiene voluntad propia. El punto principal del Tercer Paso no consiste en eliminar esa voluntad, ni en tratar de dejar de ser humanos – eso sería otra obsesión, otra forma de locura. En lugar de esto, la tarea consiste en que *cada uno de nosotros deje que nuestro Poder Superior sea el director de nuestra voluntad.* Si un Poder Superior dirige tu voluntad, entonces también dirigirá tus acciones. Y si ese Poder dirige tus acciones, entonces dirige tu vida, y por fin podrás vivir con cierta paz mental y serenidad.

pag. 58
lins.
2-23

Como dice el Libro Grande en la página 58, el egoísmo y la concentración en nosotros mismos son la raíz de nuestras dificultades. Básicamente, nosotros mismos hemos creado nuestras dificultades. Sin embargo, no podemos solucionarlas nosotros mismos. Nuestro problema es que dejamos que nuestra voluntad propia dirija lo que hacemos; la solución está en darle a nuestro Poder Superior el control de nuestra voluntad.

pag. 13
lins. 4-7

Por un momento, revisa la historia de Bill W., en las líneas 4-7 de la página 13. Aqui, Bill W. finalmente llegó a la inevitable conclusión de que tenía que deshacerse de su egocentrismo. Su voluntad propia lo había destruido, y tenía que poner todo al cuidado de su Poder Superior, refiriéndose aquí a él como "el Padre de la Luz". Tuvo que deshacerse de dos cosas que se encontraban muy cerca de su corazón – las mismas dos cosas que todos nosotros, los alcohólicos, tenemos cerca de nuestros corazones: el alcohol y el egocentrismo.

La mayoría de los problemas emocionales de las personas resultan de una obstinación desbocada. Como alcohólicos, tenemos muchos problemas relacionados con ella.

Ante todo, para tu recuperación es esencial que te encuentres libre de egocentrismo. Si no puedes hacerlo, tu egocentrismo te matará.

Tu Poder Superior es el único que puede liberarte de ese egocentrismo. Durante los siguientes capítulos, te mostraremos lo que puedes hacer para encontrar esa liberación.

CAPÍTULO ONCE

Todo o nada

No puedes hacer apuestas

En el capítulo anterior, dijimos que poner tu voluntad y tu vida al cuidado de un Poder Superior probablemente no será fácil ni rápido. Lo que no explicamos es por qué no. La razón de esto es que la voluntad propia rara vez se rinde sin una buena pelea.

Para cuando hemos llegado al Tercer Paso, la mayoría de nosotros le ha dicho a Dios, básicamente: "Nos gustaría que nos quites la bebida, pero no te metas con el resto de nuestras vidas. Manténte fuera de cosas como el dinero y el sexo; nosotros mismos nos ocuparemos de eso. Tú solamente ocúpate de la bebida".

Sin embargo, un Poder Superior no trabaja de esa manera. Tu voluntad y tu vida abarcan mucho más que tu problema con la bebida; se te pide que *pongas* todo al cuidado de Él. Tu Poder Superior lo quiere todo. Si le pides a tu Poder Superior: "Quiero que dirijas mi forma de pensar en lo que se refiere al alcohol, pero en otros temas déjame en paz", te encontrarás igual de miserable que antes. Tienes que deshacerte de todo. Es todo o nada. Te guste o no, así es como funciona esto.

A nosotros nos llevó mucho tiempo para realmente llegar a conocer y comprender esto – pero ahora nos parece la cosa más normal, natural y razonable, y podemos ver que así es como debe de ser. No puedes apostar con tu Poder Superior.

Piénsalo un momento. En el Capítulo 5, el Libro Grande nos dijo que la raíz de nuestro problema es el egocentrismo y la voluntad propia – no solamente en lo referente al alcohol, sino en todo en nuestras vidas. Esto significa que necesitamos que un Poder Superior nos re-dirija nuestra manera de pensar, no solamente los pensamientos que tenemos acerca del alcohol. Y si ese Poder va a estar re-dirigiendo nuestra manera de pensar, entonces es muy claro que estaremos poniendo al cuidado de Él mucho más que el alcohol.

La diferencia entre la enfermedad y el síntoma

Supón que tienes una especie de infección en todo tu cuerpo. Esta provocando que te sientas miserable por todos lados, pero ante todo tienes una bola grande y dolorosa en tu cuello. Podrías ir al doctor, diciéndole: "Doctor, tengo esta bola en el cuello. Tome su cuchillo y córtelo, por favor". Eso acabaría con la bola, pero no tendría mucho sentido. Sería mucho más inteligente decir: "Doctor, ¿me podría recetar un antibiótico para curarme de esta infección y sentirme mejor?" Es mucho mejor librarse de toda la enfermedad, en vez de tan sólo su peor síntoma.

Por supuesto que ningún doctor decente cortaría la bola y te mandaría a la calle; el doctor buscaría la mejor manera de que recuperaras tu salud. De esa misma forma, necesitas a un Poder Superior – no para curar uno de tus síntomas, sino para que trabaje en toda la enfermedad.

Entonces, a final de cuentas, tienes que poner todo—tu voluntad y tu vida—al cuidado de tu Poder Superior.

Ahora bien, no tienes que comenzar de ese modo – de hecho, llegar a este punto normalmente lleva algún tiempo y un poco de fe – pero, eventualmente, acabarás ahí. Creemos que tu éxito con el resto de los Doce Pasos, especialmente desde el Cuarto hasta el Noveno Pasos, depende de cuanta voluntad y vida estés dispuesto a poner al cuidado de tu Poder Superior. Cuanto más puedas poner al cuidado de Él, más funcionarán los Pasos para tí, y más éxito alcanzarás.

Hace mas de veinte años, cuando ambos estábamos bebiendo aún, entregamos todas nuestras voluntades y nuestras vidas al alcohol. El alcohol determinaba a dónde ibamos, lo que hacíamos, con quién nos asociábamos, con quién teníamos relaciones sexuales, y cómo gastamos nuestro dinero. Dirigía prácticamente todo pensamiento que habíamos tenido durante años. Al alcohol le entregamos todo lo que teníamos. Esto nos parecía natural.

Sin embargo, cuando se nos pidió entregar nuestras voluntades y nuestras vidas a un Poder realmente superior a nosotros mismos, nos dió temor. Teníamos miedo de entregar nuestras voluntades y vidas – pero al tener esta enfermedad, ¡ya se las habíamos entregado al alcohol! Si hubiésemos hecho la mitad del esfuerzo, en entregar todo lo que teníamos al cuidado y a la dirección de un Poder Superior, que el que hicimos en entregarnos al alcohol, hace unos años, nos hubiéramos evitado mucho dolor y sufrimiento.

Estamos muy agradecidos de finalmente haber podido entregar todo a este Poder, y de que se nos haya devuelto el sano juicio.

La elección es tuya

Te guste o no, ahora te encuentras en la misma posición. Tienes que elegir entre el alcohol u otra adicción y un Poder superior a ti. No existen pactos, ni medidas parciales. Para poder estar completamente liberado de la obsesión por beber o por usar otras drogas, la cual es parte de tu enfermedad, necesitas decidir, tarde o temprano, que dejarás que tu Poder Superior se encargue de todo.

El Libro Grande es muy explícito sobre esto. Lee las líneas 9-16 de la página 24. Dice que para los verdaderos alcohólicos, no existen soluciones a medias. Solamente hay dos alternativas: rendirte ante el alcohol, o aceptar ayuda espiritual. pag. 24 lins. 9-16

Sin embargo, esta entrega no tiene que ser repentina ni inmediata. De hecho, a la mayoría les lleva algún tiempo. Pero cuando un Poder superior a tí esté dirigiendo tu voluntad y tu vida, tu vida entera mejorará. Y de esto, más que de cualquier otra cosa, se trata el Libro Grande.

CAPÍTULO DOCE

Haciendo un inventario personal[*]

El Tercer Paso – decidir poner tu voluntad y tu vida al cuidado de un Poder Superior – es una parte vital y crucial de tu recuperación. Pero esta decisión no será muy efectiva, a menos que actúes sobre ella.

Removiendo los obstáculos

Cuando hayas completado el Tercer Paso, una de las primeras acciones que podrías tomar, es remover algunos de los aspectos de tu personalidad que son obstáculos entre tu Poder Superior y tú. La mayoría de estos obstáculos te serán muy familiares; han sido parte de tí durante mucho tiempo. Incluyen el enojo, resentimiento, temor, culpa, remordimiento y vergüenza. También incluyen recuerdos de cosas que has hecho para lastimar a otros, que aún no has reparado.

Al decidir que quieres que tu Poder Superior se encargue de tu voluntad y de tu vida, entonces tiene sentido quitar estas cosas del camino, para que ese Poder pueda

---

*Este capítulo, así como los tres capítulos que le siguen, pueden ser leídos en distintas formas. Si acabas de completar el Tercer Paso, puedes utilizar estos capítulos como tu guía para completar tu Cuarto Paso. Si ya has hecho un Cuarto Paso, estos capítulos podrían proporcionarte más conocimiento sobre lo que significa esa experiencia para tu recuperación. O quizás descubras que quieres hacer otro Cuarto Paso ahora o en el futuro cercano, para prepararte más concienzudamente para trabajar o re-trabajar los Pasos que le siguen.

—EDITOR

trabajar más libremente dentro de tí. Mientras que estas cosas sigan estando dentro de tu mente, no podrá entrar a ella un Poder Superior para dirigir tu forma de pensar. Para sacar estas cosas del paso, primeramente deberás conocer y reconocer cuáles son. Este es el propósito del Cuarto Paso, en el cual haces, sin temor, un minucioso inventario moral de tí mismo.

A menudo se nos pregunta: "¿Cuál es el momento correcto para hacer un Cuarto Paso?" Nuestra respuesta es siempre ésta: "Inmediatamente – después de haber dado el Tercer Paso". Por lo general, dar el Tercer Paso quita la voluntad propia del paso, de manera que puedes hacer tu Cuarto Paso.

Si no haces el Cuarto Paso inmediatamente después de haber trabajado el Tercer Paso, sería fácil comenzar a pensar: "Creo que en realidad no necesito hacer eso. Realmente, no estoy tan mal". Pero ahí está hablando tu voluntad propia – volviendo a entrar dentro de tí, convirtiéndose en el obstáculo que impediría tu progreso en el programa de Doce Pasos. Creemos que, cuando hayas llegado al Tercer Paso, deberías de saltar cuanto antes al Cuarto Paso.

Hace poco, asistimos a un seminario donde un alcohólico en recuperación les dijo a las personas presentes que deberían de esperar dos años después de haber dado el Tercer Paso, antes de hacer su Cuarto Paso. Opinamos que ése es un consejo terrible, y nos preguntamos cuantas personas habrán muerto por haber seguido ese consejo. Pensamos que ese individuo tardó dos años para pasar del Tercer al Cuarto Paso, por lo que decidió que a todo el mundo le debería de llevar dos años también. Pero, ¿por qué no ahorrarte esos dos años y hacer un Cuarto Paso de una vez?

Entendiendo el cuarto paso

Pensamos que el Cuarto Paso es uno de los Pasos más malentendidos. Por una parte, algunos que han hecho el Cuarto Paso se comportan como el Rey de la Montaña con los novatos. Les cuentan lo difícil que es el Cuarto Paso, y dicen: "¡ Uf! ¡Ya verás, cuando llegues a él!" Lo hacen parecer tan espantoso como pueden. Sin embargo, en realidad el Cuarto Paso es muy sencillo, y no hay nada en él que temer.

Otro problema es que la gente tiende a dejar las cosas para después. Nuestro orgullo dice: "Realmente no tienes que hacer esto", y al mismo tiempo nuestro temor dice: "¡No te atrevas a hacerlo!" Y cuanto más tiempo pasa, más sube el volumen de esas voces.

El problema con dejar las cosas para después es que si aún estás inquieto, irritable y descontento, y si aún estás lleno de temor, culpa, remordimiento y vergüenza, entonces cada día que pasas sintiéndote así, te acerca al día en que podrías beber una copa o usar otra droga. Aunque estés asistiendo a Alcohólicos Anónimos u otras juntas de Doce Pasos, y aunque ya hayas trabajado desde el Primer hasta el Tercer Pasos, tu mente podría jalarte hacia la idea de que beber una copa o usar otra droga te podría hacer sentir mejor. Por lo tanto, cada día que evites hacer el Cuarto Paso podría significar un día más cercano al momento de emborracharte o drogarte de nuevo.

Asimismo, la gente tiende a evitar el Cuarto Paso simplemente porque no entienden lo que significa hacer un inventario de ellas mismas. No existen instrucciones en el Libro Grande como: "Primero, toma un lápiz y cuaderno, y escribe los números, del uno al veinte, sobre la izquierda". Sin embargo, en realidad sí existen algunas instruciones muy explícitas en el Capítulo 5, las cuáles son claras, sencillas y fáciles de seguir. ¡De hecho, son tan sencillas que a menudo nuestras astutas mentes alcohólicas las pasan por alto completamente!

Estas instrucciones comienzan en la línea 3 de de la página 60, y continuan hasta la línea 24 de la página 66. Aquí, Bill W. – refiriéndose a sí mismo como "nosotros" – explica exactamente lo que hizo para hacer su inventario personal. Todo lo que tenemos que hacer es seguirlo, observar lo que él hizo, y hacer lo mismo nosotros. Ahora, sugerimos que vuelvas a leer esas páginas. pag. 60 lin. 3- pag. 66 lin. 24

■ ■ ■

Instrucciones para hacer un inventario personal

Así como lo explica Bill W. en las líneas 3-12 de la página 60, hacer un inventario personal es como hacer un inventario comercial; ambos funcionan de la misma manera. pag. 60 lins. 3-12

pag. 61
lins.
1-28

pag. 60
lins.
24-25

pag. 63
lins.
31-32
pag. 65
lin. 10
pag. 66
lins.
15-16

Un inventario comercial es un proceso para encontrar y encarar los hechos, con respecto a la existencia de mercancías. Un inventario personal es una búsqueda minuciosa, sin temor, con respecto a nuestros valores morales – la verdad sobre nosotros mismos. Mientras que el fin de un inventario es, encontrar la mercancía deteriorada o inservible para deshacerse prontamente de ella, sin lamentarlo, el objetivo de un inventario personal, radica en hacer lo mismo con nuestro pensamiento defectuoso, que produce resentimiento, temor y comportamiento que daña a los demás. En la página 61, Bill W. hasta proporciona parte de un inventario muestra de una persona hipotética.

A menudo se nos pregunta: '' Estaría bien si hiciera un inventario personal dentro de mi mente, o lo tengo que escribir?'' *Creemos que es esencial que hagas tu inventario personal por escrito.* De hecho, el Libro Grande especifica en tres lugares que debemos de escribir nuestro inventario "en un papel" (página 60, líneas 24-25; página 63, líneas 31-32; y página 65, línea 10). A menudo se nos recuerda que regresemos a nuestras listas y, finalmente, en la página 66, líneas 15-16, se nos dice explícitamente que ser concienzudos en nuestro inventario personal significa haberlo puesto por escrito. De acuerdo con el Libro Grande, si no has puesto las cosas por escrito, entonces realmente no has hecho un inventario.

Ahora bien. Lo primero que Bill W. nos dice sobre inventarios es que cualquier negocio que no tome un inventario con regularidad, seguramente irá a la quiebra. Supón que manejas una zapatería y no te molestas en hacer inventarios con regularidad. No sabrías lo que has vendido, qué tamaños y estilos de zapatos necesitas ordenar, qué calzado ha sido robado, dañado o es inservible, cuáles son los zapatos de mayor venta o menos exitosos. Al poco tiempo, tu existencia de calzado no estaría de acuerdo con lo que la gente desea comprar. Tarde o temprano, es muy probable que te irías a la quiebra.

Como alcohólicos, cada uno de nosotros está en el negocio de mantenerse sobrio. Para nosotros, este es el negocio más importante del mundo. Si no hacemos un inventario de nuestro "negocio" con regularidad, no podremos ser conscientes de nuestra manera defectuosa de pensar, que obstaculiza nuestra relación con un Poder

Superior, y podríamos "ir a a la quiebra". Para los alcohólicos, *ir a la quiebra* significa volver a beber.

La parte más importante de hacer cualquier inventario consiste en encontrar los hechos y encararlos sin temor. Regresemos al ejemplo de la zapatería. Supón que tienes trescientos pares de zapatos con tacón de aguja en existencia, y nadie quiere comprarlos porque ya pasaron de moda. Si ignoras la realidad y te dices: "Estos zapatos son bellísimos; creo que voy a ordenar cuatrocientos pares más", muy pronto fracasará tu negocio. Así sucede con un inventario personal. Si no eres honesto contigo mismo y si comienzas a escribir cosas que no son verdad, al poco tiempo estarás en dificultades. Estarás haciendo que fracase tu negocio, en vez de hacerlo más fuerte y sano.

Es importante que te atengas a la verdad si realmente quieres recuperarte de tu adicción al alcohol u otras drogas, aun cuando encarar la verdad parezca ser doloroso al principio. Tienes que recolectar información verídica y completa y luego tienes que examinar esa información honestamente. Un inventario verdadero es igual a un inventario moral.

Consideremos la zapatería hipotética un poco más. Supón que acabas de hacer un inventario y que acabas de descubrir algunos pares de zapatos deteriorados, otros que obviamente han pasado de moda y otros que son inservibles. Obviamente, estos zapatos ya son inútiles para ti, ocupando espacio en tu inventario – de hecho, están ocupando el espacio que bien podrían ocupar otros zapatos que la gente sí compraría. Necesitas deshacerte de estos artículos deteriorados e inservibles, prontamente y sin lamentarlo.

Ya sabes que estás en el negocio de mantenerte sobrio. Y lo que piensas y haces determinará si te mantendrás sobrio o no. Entonces, al hacer tu inventario personal, deberás encontrar esa "mercancía deteriorada o inservible" – esos pensamientos y acciones que son obstáculos para la relación entre tu Poder Superior y tú, y que podrían provocar que bebas una copa o uses drogas. Una vez que hayas localizado estos pensamientos y acciones deteriorados e inservibles, necesitas deshacerte prontamente de ellos, sin lamentarlo.

Si puedes deshacerte del pensamiento que obstaculiza la voluntad de un Poder superior a tí mismo, entonces el pensamiento que refleja la voluntad de ese Poder podrá ocupar su lugar – y podrás estar sobrio, en paz, feliz y libre, en vez de inquieto, irritable y descontento.

Manteniendo el enfoque en hoy

Muchos piensan que tienes que haber trabajado el Paso Doce para obtener algo de los Doce Pasos y del Libro Grande. *Pensamos que esto es totalmente falso.* Trabajar cada uno de los Doce Pasos ofrece una experiencia positiva – algo que puedes sentir y que te beneficia. Si eres como la mayoría de la gente, te sentirás mejor al dar cada Paso.

Asimismo, pensamos que el Cuarto Paso es uno de los Pasos más grandes; empiezan a ocurrir grandes cambios en cuanto lo empiezas a trabajar. La mayoría de la gente se siente mucho mejor después de haber terminado el Cuarto Paso. Esto quiere decir que hoy mismo puedes comenzar a sentir los verdaderos beneficios que ofrece el programa de Doce Pasos.

También recuerda que el Cuarto Paso (sin temor, hacer un minucioso inventario moral de tí mismo) debe estar basado en tus pensamientos y acciones de hoy – no de la semana entrante, no los que tendrás dentro de dos años, ni tampoco los que tuviste hace veinticinco años. Si tu manera de pensar se encuentra sólida y clara hoy, es probable que estarás sobrio mañana, y "tu negocio estará marchando bien". Pero si tu manera de pensar esta descarrilada hoy, entonces podrías "ir a la quiebra" y emborracharte mañana. Por consiguiente, tienes que examinar tus pensamientos y acciones de *este momento* y deshacerte de lo que esté "deteriorado e inservible".

Hemos encontrado que, para casi cualquier alcohólico o adicto, estos pensamientos deteriorados e inservibles caen dentro de estas tres categorías:

1. Resentimientos y enojo
2. Temor
3. Culpa, remordimiento y vergüenza

Hemos visto cómo funciona nuestro Poder Superior, una y otra vez. A cada uno de nosotros nos dió voluntad propia, que podemos usar como deseemos hasta el día de nuestra muerte. Nuestro Poder Superior jamás nos quitará esa voluntad, a menos que se la entreguemos nosotros mismos. Si queremos, podemos usar esa voluntad para volvernos locos, o para morir de tanto beber, o para cualquier otra cosa que decidamos. Mientras nos mantengamos atados a nuestra voluntad, nuestro Poder Superior jamás nos la quitará. Podemos seguir cociéndonos en nuestro propio jugo. Este camino nos conduce al desastre. Si deseas deshacerte de tu manera de pensar deteriorada e inservible, *tienes que devolvérsela voluntariamente, por tí mismo, a tu Poder Superior*. Unicamente cuando hayas devuelto tu voluntad y tu manera de pensar, y le hayas pedido a tu Poder Superior una manera de pensar más sana, podrán ser removidos tus patrones de pensamiento deteriorados e inservibles.

Una vez que hayan sido removidos tus pensamientos deteriorados e inservibles, verás que eran obstáculos entre tu Poder Superior y tú, y que ahora puedes comenzar a seguir la voluntad y las direcciones de tu Poder Superior.

Deshaciéndonos del resentimiento

Cada uno de nosotros ha sentido resentimiento, pero la mayoría de nosotros jamás se ha detenido a analizar sus resentimientos. Hemos gastado muchísimo tiempo en examinar los daños que nos han hecho los demás; nos hemos enojado con esas personas y hasta quizás hayamos dedicado un tiempo para pensar en cómo desquitarnos. Pero no hemos ido más lejos. Nunca hemos tratado, realmente, de examinar nuestros resentimientos ni lo que los ocasionó, ni tampoco hemos tratado de pensar en cómo deshacernos de ellos. La mayoría de nosotros ni siquiera ha pensado en cómo deshacernos de ellos; por el contrario, nos aferramos a ellos. La mayoría de nosotros adoramos nuestros resentimientos y hasta los alimentamos, como si fuesen nuestra mascota preferida.

Ahora que has decidido deshacerte de tu manera de pensar deteriorada e inservible, que obstaculiza la relación entre tu Poder Superior y tú, te darás cuenta de que tanto tus resentimientos como tu enojo tienen que irse.

Después de haber trabajado con muchos alcohólicos a lo largo de los años, pensamos que *el resentimiento destruye a más alcohólicos que cualquier otra cosa.* Esta no es una observación que únicamente nosotros hemos hecho. Las líneas 19-20 de la página 60 del Libro Grande dicen exactamente lo mismo: El resentimiento es el ofensor número uno. Por lo tanto, sentimos que es de suma importancia que comiences a enfocarte en el resentimiento cuando hagas tu inventario personal. Si puedes escribir tus resentimientos y examinarlos honestamente, estarás más próximo a deshacerte de ellos. Los Capítulos 5 y 6 del Libro Grande te mostrarán exactamente cómo deshacerte de tus resentimientos, y cómo evitar que regreses a ellos en el futuro. (Discutiremos ésto con mas detalle en este capítulo, así como en el siguiente capítulo).

La naturaleza del resentimiento

El *resentimiento* es destructivo cuando significa que persistentemente volvemos a sentir el viejo dolor – nuestro enojo, sufrimiento e indignación del pasado – al volver a vivir nuestros recuerdos del incidente que ocasionó ese dolor.

Es necesario entender que el resentimiento puede ser un sentimiento natural, así como un proceso natural. Cada uno de nosotros tiene algunos resentimientos. De hecho, en algunas situaciones donde el resentimiento toma la forma de indignación justa, puede jugar un papel útil. Por un lado, este tipo de resentimiento nos puede forzar a actuar. Imagínate que vives en un vecindario un poco deteriorado. A tu casa le hace falta pintura, al igual que a todas las demás casas que se encuentran en esa calle. Entonces, no te molesta mucho la pintura carcomida y la apariencia desgastada de tu casa; ni a tus vecinos tampoco.

Ahora supón que un nuevo individuo se muda al vecindario. Compra la casa frente a la tuya, y a los pocos días lo observas pintando su casa y colocando ventanas nuevas. Ahora su casa tiene mucho mejor aspecto que la tuya. Resientes eso, por lo que pintas tu casa, colocas algunas ventanas nuevas, y además compras una puerta nueva.

Ahora tu vecino se resiente porque tu casa se ve mas bonita que la de él, por lo que coloca un jardín y construye un patio. Esto provoca que la mitad de los dueños de casas en esa cuadra se resientan, y al poco tiempo salen todos a pintar sus casas, a colocar jardines y a construir sus propios patios. Este tipo de resentimiento puede ser útil, ya que provoca una especie de competencia *constructiva*. Pero lo que ocurre más a menudo, especialmente entre nosotros los alcohólicos, es que nuestro resentimiento se usa negativamente, para empeorar las cosas o causar aún más dolor, en vez de que suceda lo contrario. Por ejemplo, imaginemos a una pareja de alcohólicos llamados Sue y Ralph. Sue y Ralph viven en la misma cuadra donde la gente esta compitiendo para ver quién puede acabar con la casa más bonita. Sin embargo, en vez de unirse a ellos y remodelar su casa, Sue y Ralph dejan que se mantenga igual de desgastada. Conforme van mejorando las casas de la cuadra, Sue y Ralph comienzan a enojarse con sus vecinos, y dejan que su casa se vea peor y peor en comparación. Al poco tiempo, su casa es la vergüenza del vecindario, y sienten un enorme resentimiento con sus vecinos. Al final, dejan de hablarles, y cuando un grupo de vecinos ofrece ayuda para pintar su casa, Ralph les grita: "¡Salgan de mi propiedad!" Luego, por supuesto, entra a su casa y se pone a beber con Sue.

En este caso, Ralph y Sue usaron su resentimiento para convertir un evento potencialmente positivo y constructivo en algo negativo. Luego, después de haberlo hecho aún más negativo, lo utilizaron para hacerlo aún más doloroso. A menudo, eso es lo que los alcohólicos hacemos con el resentimiento.

Muchos de nosotros vamos más allá todavía. Tomamos un incidente doloroso y lo volvemos a repetir dentro de nuestras mentes, una y otra vez – durante horas, días, meses y hasta años. Sentimos el dolor una segunda vez, una tercera vez, y quizás hasta miles de veces. Los alcohólicos somos particularmente buenos haciendo esto. Nos decimos: "No sé por que salí lastimado. Yo no estaba haciendo nada. De pronto, alguien se me acercó y me lastimó". Y luego volvemos a repetir todo el evento para poder sentir el dolor de nuevo. No es sorprendente que cada vez que lo hacemos, el dolor sea el mismo – y hasta peor. La estupidez de esto es que mientras que es posible que alguien nos haya lastimado originalmente, ahora somos nosotros los que seguimos lastimándonos cada vez que repetimos el incidente dentro de nuestras mentes.

Así es que ahora, Sue probablemente se encuentra en la sala de su casa, reviviendo una y otra vez la ocasión en que el hijo de su vecina la llamó "vieja bruja". Y Ralph está recordando la ocasión en que el vecino de enfrente le pidió que mantuviera a su perro fuera de su jardín. O la vez en que el inspector habitacional lo multó por violar ciertos códigos *habitacionales*. Los pobres Ralph y Sue tienen docenas, quizas cientos, de estas pequeñas cintas dentro de sus cabezas, y vuelven a tocarlas una y otra vez. El resultado es que ambos tienen obstáculos efectivos entre ellos y su Poder Superior.

Por si fuera poco, lo que la mayoría de nosotros hace, sin darnos cuenta, es cambiar lo que ocurrió cada vez que revivimos el evento. Una vez más, los alcohólicos tenemos un talento especial para hacer esto. Embellecemos y dramatizamos las cosas un poco más cada vez: Quizás nos encontremos más virtudes, mientras que encontramos a los que nos lastimaron, asi como sus acciones, más desagradables. Eventualmente, al revivir el incidente, lo hemos cambiado tanto que apenas se parece a lo que ocurrió en realidad.

No negamos que existen personas que te hayan lastimado. Las personas – algunas más que otras – hacen cosas que lastiman a otros. Eso es un hecho real. La vida no siempre es sencilla, y no sabemos cómo hacer para que esas cosas nunca vuelvan a suceder. Mientras estés vivo, ocasionalmente saldrás lastimado.

Pero, mira lo que hacen los alcohólicos: cada vez que se les lastima, se aferran a ese dolor y lo reviven una y otra vez. Es como si tuviesen una grabadora dentro de sus mentes. Y esto es lo curioso: no utilizan esa grabadora para grabar las cosas buenas que ocurren. Solamente graban las cosas dolorosas. Por eso, no es sorprendente que, cuando prenden la máquina y comienzan a escuchar lo que grabaron, todo lo que oyen son los incidentes dolorosos.

Sigamos la pista de nuestra amiga Sue, en un día malo. Se levanta, prende su máquina grabadora mental, y graba todo lo malo que le sucede durante el día. Luego, al llegar a casa esa noche, escucha todos los incidentes dolorosos. Son terribles, y se siente enferma.

Ahora, aquí hay algo extraño: Sigamos a Sue en un *día*

bueno. Se levanta y pasa el día con la máquina grabadora apagada la mayor parte del tiempo; solamente la enciende una o dos veces, cuando las cosas están saliendo mal. Luego, llega a casa y escucha las dos únicas cosas malas que sucedieron ese día – además de otras cosas malas que ha guardado durante días, semanas, meses y años pasados. ¿Y, sabes qué? ¡Se siente horrible y enferma!

Este tipo de resentimiento se asemeja a un boomerang – lo lanzas e inmediatamente regresa hacia ti. Es por ese motivo que puede ser algo tan terrible y destructivo. Al estar resentido con alguien durante algún tiempo, tarde o temprano estarás resentido con tu propia posición en la vida – y luego estarás resentido contigo mismo por haberte dejado estar en esa posición. Acabas nadando en un mar de autoconmiseración.

Eventualmente, algunos comenzamos a vivir del resentimiento y de la autoconmiseración. Se vuelven las fuerzas guías de nuestras vidas.

¿Esto te suena familiar? Este patrón de resentimiento, odio por ti mismo y autoconmiseración es extremadamente común entre nosotros los alcohólicos y adictos a otras drogas. Es uno de nuestros problemas más graves, y a menudo se convierte en una parte natural de nuestra manera de pensar. Pero en realidad, no es natural – es una manera enferma de pensar que nos hemos creado.

Una de las peores cosas que suceden con el resentimiento es que cuando te encuentras ocupado resintiendo a alguien o a algo, en ese momento esa persona o ese algo están controlando tu voluntad y tu vida, lo cual no deja espacio para que el Poder Superior a tí, te dirija. Tu Poder Superior no puede dirigir una mente que está siendo controlada por resentimientos.

Escribiendo tus resentimientos en un papel

Las líneas 24-27 de la página 60 del Libro Grande explican exactamente como Bill W. hizo su inventario personal. Escribió en un papel la lista de personas, instituciones y principios con los que estaba molesto. Para comenzar tu inventario, sugerimos que hagas exactamente lo mismo.

pag. 60
lins.
24-27

pag. 61
lins.
1-28
En la página 61 del Libro Grande, puedes ver exactamente como fue que Bill W. dividió su lista de resentimientos en tres columnas. El ejemplo que utiliza comprende los resentimientos de una persona imaginaria, pero el formato de la lista es igual al que Bill W. utilizó. Este formato le ha funcionado muy bien a todo tipo de personas, por lo que cuando te sientas preparado para hacer tu Cuarto Paso (o cuando te sientas listo para hacer tu Cuarto Paso de nuevo, si es que ya lo has hecho alguna vez), puedes tomar un papel y, lápiz o bolígrafo, y seguir las instrucciones de Bill W. Primero, voltea la hoja de papel en forma horizontal, para que esté más ancha que pag. 61
lin. 1 larga. Luego, pag. 61 haz tres columnas. El título de la primera columna (la lin. 1 la cual estará a la izquierda del papel) es:

*Estoy resentido
con*

El título de la segunda columna (que será la de en medio) es:

La causa

Por último, el título de la tercera columna (la cual estará a la derecha de la página) es:

Afecta mi(s):

Por lo tanto, los encabezados de tu inventario de resentimientos serán:

Estoy resentido con	*La causa*	*Afecta mi(s):*

■ ■ ■

Puedes proseguir a llenar tu inventario. Asegúrate de comenzar con la primera columna (*Estoy resentido con*). Aún no te preocupes por las demás columnas; hemos descubierto que es mas fácil hacer un inventario personal, llenando una columna cada vez. Deja aproximadamente una pulgada de espacio vertical entre cada uno de los resentimientos contenidos en la primera columna, para que tengas suficiente espacio para llenar las otras dos columnas después.

En la primera columna, escribe el nombre de todas las *personas* con quienes estés resentido, sin importar que estén vivas o muertas. Anótalas todas, aunque sean pocas o muchas.

■ ■ ■

Luego, escribe todas las *instituciones* con las que estés resentido – el departamento de policía, la oficina de correos, la iglesia, o lo que sea.

■ ■ ■

Por último, escribe todos los *principios* con los que estés resentido – leyes, códigos morales, reglas en la casa, los Diez Mandamientos, las tres leyes termodinámicas, la Ley de Murphy, "dime con quién andas y te diré quién eres", etcétera.

■ ■ ■

Quizás te lleve un tiempo hacer una lista de las personas y cosas con quienes estés resentido. Está bien. Es posible que acabes con varias páginas llenas de resentimientos – o inclusive un pequeño libro. Lo importante es que tu lista esté completa y minuciosa.

En la página 61 del Libro Grande, el alcohólico imaginario de Bill W. anota cuatro de sus resentimientos como ejemplos. Es muy poco probable que muchos verdaderos alcohólicos estén molestos con tan sólo cuatro o cinco personas o cosas. Cuando nosotros hicimos nuestros primeros inventarios, hace aproximadamente veinte años, nos sorprendimos al darnos cuenta de cuántas personas, instituciones y principios nos tenían tan enojados.

pag. 61
lins. 3,
10, 17,
23

En ocasiones es difícil comenzar a hacer esta lista. Dios sabe que tuvimos problemas al principio cuando tuvimos que hacer nuestros inventarios. Uno de nosotros comenzó diciendo: "Caray, yo no tengo ningún resentimiento", pero al poco tiempo pudo pensar en tres o cuatro, luego cinco o seis. Al terminar, su lista comprendia 162 personas, instituciones y principios con los que estaba molesto. En realidad estaba enojado con casi todo, pero hasta ese momento no se había dado cuenta de ello. En ocasiones así sucede con los resentimientos. Pocos nos damos cuenta de que tanto controlan nuestros pensamientos y nuestras vidas los resentimientos, hasta que los escribimos en un papel. Dentro de tu propia cabeza, sólo eres capaz de ver un resentimiento a la vez. Quizás te sea difícil comenzar, pero se vuelve más y más fácil una vez que has empezado a escribir. También podemos decirte esto: Jamás hemos conocido a un alcohólico que no sepa exactamente con quién y con qué está enojado. Después de todo, ¡los alcohólicos pasan miles de horas sentados en los bares, hablando sobre sus resentimientos!

Cuando hayas terminado la primera columna, te podrás dar cuenta de cuánto controla tu manera de pensar y tu mente el resentimiento. Si el resentimiento te controla, entonces un Poder Superior no puede dirigirte. Ahora, prosigue a la segunda columna (*La causa*). Repetimos, no te preocupes por llenar la tercera columna ahora. Simplemente llena la segunda columna, de arriba a abajo, un artículo cada vez. Mira cada uno de tus resentimientos;

pag. 61
lins.
3-28

después, en pocas palabras, escribe su causa o sus causas, así como lo hizo el alcohólico imaginario de Bill W. en la página 61 del Libro Grande. Podría existir una causa o, en algunos casos, muchas causas.

■ ■ ■

Cuando hayas terminado la segunda columna, de arriba a abajo, haz a un lado tu lápiz o bolígrafo y revisa las causas de cada uno de tus resentimientos.

Si eres como la gran mayoría de alcohólicos y otros adictos, notarás algo sorprendente. Te darás cuenta de que estás molesto con casi todas estas personas, instituciones y principios, no tanto debido a lo que son, sino *debido a lo que te hicieron*. No son las personas o las cosas las que te molestaron – son las cosas que te hicieron.

pag. 61
lins.
23-28

Observa el inventario muestra en la página 61 del Libro Grande una vez más. El alcohólico imaginario de Bill W.

no está enojado con su esposa por el hecho de que ésta sea su esposa, ni porque sea alta y pecosa – está enojado porque piensa que malinterpreta las cosas, lo regaña, le cae bien el Sr. B. y quiere que la casa se ponga a su nombre.

Supongamos, por un momento, que el Sr. B. no hizo ninguna de las cosas anotadas en la segunda columna, sino que el que realmente las hizo fue el Sr. G. ¿Crees que el individuo hipotético de Bill W. seguiría estando resentido con el Sr. B.? Por supuesto que no – estaría resentido con el Sr. G. En realidad, no importaría si cambiaras los nombres y las personas en este inventario; el individuo imaginario de Bill W. seguiría estando molesto – pero estaría molesto con otras personas diferentes. pag. 61
lins. 3-9

Puedes hacer lo mismo con los artículos en tu propia lista de resentimientos y causas. En cada caso, lo que te molestó no es ni la persona, ni la institución, ni el principio – es lo que él o ella te hicieron. Seguramente seguirías estando igualmente molesto si una persona, institución o principio diferente, te hubiese hecho exactamente lo mismo.

Ahora, prosigamos al lado derecho de la página. En la tercera columna (*Afecta mi(s):*), escribe exactamente qué parte o partes de tí resultaron lastimadas. Frente a cada nombre en la primera columna y cada causa en la segunda columna, anota el área o las áreas de tu vida que resultaron amenazadas o dañadas por lo que esta persona, institución o principio hizo.

Las personas se enojan cuando sus necesidades instintivas de pertenencia y aceptación social (que incluyen autoestima, orgullo y relaciones afectivas), seguridad (tanto emocional como material), y relaciones sexuales (tanto aceptables como ocultas) se ven amenazadas. En casi todos los casos, hemos encontrado que una o más de estas áreas básicas de vida que definen nuestro sentido del *yo*, incluyendo nuestras ambiciones, se han visto en dificultad de alguna forma. Podemos hacer una lista de estas áreas, para ayudarnos a completar la tercera columna (*Afecta mi(s):*):

1. Autoestima
2. Orgullo

3. Relaciones Personales
4. Seguridad Material
5. Seguridad Emocional
6. Relaciones sexuales aceptables
7. Relaciones sexuales ocultas
8. Ambiciones

Relaciones sexuales aceptables son todas aquellas que no causan daño, ni a tí mismo ni a otra persona, y que no entran en conflicto con tus valores. Relaciones sexuales ocultas son todas aquellas que tienes que ocultarle a alguien – a tu cónyuge, por ejemplo. Para muchos alcohólicos casados, esto significa tener relaciones sexuales con otra persona.*
Ambiciones son planes hacia el futuro.

pag. 61
lins.
3-10

En el caso del alcohólico imaginario de Bill W., cada uno de sus daños personales entra dentro de alguna de estas áreas básicas de vida. Esperamos que ocurra lo mismo dentro de tu propio inventario.

Al llenar la tercera columna, de arriba a abajo, mantén este libro abierto en la lista de ocho áreas básicas de tu vida que han sido dañadas (página 99). Refiérete a esta lista cuantas veces quieras. Si asi lo prefieres, copia la lista en una hoja por separado. Conforme vayas llenando la tercera columna, verás que, junto a cada cosa que hayas escrito bajo *La causa*, podrás elegir el área o las áreas apropiadas contenidas en la lista de este libro, y escribirlas en la tercera columna.

■ ■ ■

Está por demás decir que necesitas ser honesto al escribir tu inventario. Si finges ante tí mismo o evades la verdad, lo único que lograrás será impedir tu propio pro-

---

*Ésto, por supuesto, *no* incluye abuso sexual – ningún comportamiento sexual que se te haya impuesto en contra de tu voluntad, tanto en la infancia como en edad adulta. Al igual que con cualquier otro abuso que hayas recibido, es importante sentir tu enojo y no culparte a tí mismo. Quizás necesites buscar ayuda profesional para lidiar con traumas de este tipo. Haz lo que te sea necesario para liberarte de este resentimiento, para que la persona que te haya lastimado ya no controle tus pensamientos, ni tus acciones. Si otras personas aún te están dirigiendo, tu Poder Superior no puede hacerlo.

—EDITOR

greso. *No podrás deshacerte de tus resentimientos si, en un principio, no estás dispuesto a admitirlos y a encararlos honestamente.* Recuerda que el Cuarto Paso pide que hagas, sin temor, un minucioso inventario moral (*honesto*) de tí mismo – no un inventario tibio o parcial.

La fuente del enojo

Después de haber llenado la tercera columna, haz a un lado tu lápiz o bolígrafo y descansa un poco.

■ ■ ■

Revisa tu inventario cuidadosamente, de principio a fin. Notarás ciertos patrones. Por ejemplo, es posible que veas que la mayoría de tus rencores son dirigidos hacia miembros de tu familia. Quizá te des cuenta de que muchas de las causas de tus resentimientos, en la segunda columna, están relacionadas con tu trabajo. En la tercera columna, podrías ver cosas que tienen que ver con tu autoestima, relaciones sexuales ocultas o seguridad emocional. *Este inventario te ayudará a ver cuál es la verdadera fuente de tu enojo y de tus resentimientos.*

Antes de que dejáramos de beber, no teníamos la menor idea de dónde provenía nuestro enojo. Nos enojábamos, e inmediatamente actuábamos sobre este enojo; el resultado era que acabábamos por hacer cosas que lamentaríamos después. Entonces, pedíamos disculpas y decíamos cosas como: "Nunca lo volveré a hacer". Sin embargo, cuando ocurría nuevamente algo similar, nos volvíamos a enojar y hacíamos lo mismo, una y otra vez. No podíamos lidiar con nuestro enojo, ya que no sabíamos de dónde provenía. Simplemente reaccionábamos al sentirnos molestos.

Hoy en día, sabemos que el enojo resulta de una amenaza real o percibida hacia una de nuestras áreas básicas de vida. Algunas veces podemos evitar las amenazas, o mantenerlas a un mínimo. Sin embargo, en otras ocasiones no podemos detener ni limitarlas; ni siquiera podemos disminuir su velocidad.

Pero *sí podemos* cambiar nuestra forma de reaccionar ante las amenazas. No podemos cambiar a los demás, ni lo que ellos hacen, pero sí podemos cambiar nuestra respuesta.

El enojo y culpar a los demás

Al haber hecho tu inventario personal, has aprendido tres cosas muy importantes. Primero, en la primera columna aprendiste que el enojo y el resentimiento realmente te controlan. Segundo, en la segunda columna aprendiste que no estás enojado o resentido con las personas, instituciones ni principios – sino más bien con lo que te han hecho. Tercero, en la tercera columna aprendiste que te enojas porque una de tus necesidades instintivas ha sido amenazada.

Eres capaz de cambiar tu respuesta ante las amenazas; no tienes que responder con resentimiento y enojo.

pag. 61
lins.
31-33
pag. 61
lins.
33-34
En las líneas 31-33 de la página 61, Bill W. dice explícitamente que este mundo y su gente frecuentemente están muy equivocados. La mayoría de nosotros se detiene cuando llega a esta conclusión; no vamos mas allá. Simplemente decimos: "Sí, están terriblemente equivocados, y estoy sumamente enojado".

Así es como nosotros dos solíamos pensar. Culpábamos a los demás, nos afligíamos y permanecíamos afligidos, y, por si fuera poco, tarde o temprano sentíamos rencor hacia nosotros mismos. De ahí, buscabamos el desquite y tratabamos de que las cosas se hicieran a nuestro modo, lo cual empeoraba aún más la situación. Entonces, revivíamos esos resentimientos una y otra vez, perdiendo nuestro tiempo y nuestras vidas en ellos – enfermándonos y sintiéndonos miserables en el proceso.

Lo curioso sobre todos estos resentimientos es que no le hacen bien a nadie. No mejoran nuestra situación económica. No mejoran nuestra relación con otros seres humanos. No desarrollan nuestra confianza, serenidad, seguridad o felicidad. Sólo empeoran la situación.

En el pasado, solíamos dedicar gran parte del tiempo en estar enojados con nuestros semejantes. Sobrios o borrachos, pasábamos hora tras hora reviviendo nuestros resentimientos, una y otra vez. Todo ese tiempo fue absolutamente malgastado.

En nuestra recuperación, hemos aprendido a deshacernos de nuestros resentimientos y de nuestro enojo. Ya no sentimos furia hacia los demás, ni hacia nosotros mismos, y nos sentimos maravillosamente. Estamos sobrios, en paz, contentos, serenos y libres, en vez de estar inquietos, irritables y descontentos. ¿Cómo preferirías sentirte tú?

La futilidad del resentimiento

Una vez que hayas terminado de escribir tu inventario, revisa de nuevo tu lista de resentimientos. Este inventario contiene la clave de tu futuro. Ahí está, para que te refieras a él o cuando lo vuelvas a necesitar para deshacerte de tus resentimientos y de tu enojo.

En el pasado, cuando pensabas en toda la gente y en todas las cosas que te molestaban, solías pensar en todas las maldades que te habían hecho. A partir de este momento, nos gustaría que revises tu inventario desde otro ángulo: *Examina el daño que te ha ocasionado cada uno de tus resentimientos.* Ambos creemos que descubrirás lo siguiente:

Cada uno de tus resentimientos te ha hecho sentir miserable e infeliz; ha sido un obstáculo para que la voluntad de tu Poder Superior opere en ti; y, peor aún, cada uno de ellos te ha llevado a beber o a usar otras drogas.

Según el Libro Grande, lo peor que puede suceder con los resentimientos es ésto: Si no haces nada para librarte de ellos, te matarán. Son obstáculos entre tu Poder Superior y tú. No solamente arruinarán tu vida – acabarán con ella. Las líneas 8-14 de la página 62 del Libro Grande dicen explícitamente que: El resentimiento es fatal. Ya sabes lo que sucede al volver a beber; asimismo, sabes que, para un alcohólico o adicto, seguir bebiendo o usando lleva a la locura o a la muerte. Al dejar que tus resentimientos y enojo te hagan beber, te encuentras en el camino que conduce al desastre. pag. 62 lins. 8-14

En pocas palabras: *No importa que tus resentimientos estén justificados o no.* El hecho está en que tus resentimientos y tu enojo interfieren con la voluntad de un Poder Superior, y provocan que bebas o uses otras drogas. Por tu propio bien – por tu propia supervivencia – necesitas deshacerte de tus resentimientos y de tu enojo para poder dejar de beber y de usar otras drogas, y así poder poner tu voluntad y tu vida al cuidado de tu Poder Superior.

Habiendo llegado a este punto, en el que te encuentras dispuesto a deshacerte del resentimiento, ahora puedes comenzar a ver el mundo de manera distinta. Cuando te encuentras envuelto en un resentimiento, el mundo y las personas dentro de él te dominan por completo. El resultado es que lo que otras personas, instituciones y principios hagan, determinará quién eres, tus pensamientos y tu comportamiento. Mientras sigas aferrado a tu enojo, otras personas controlarán tus acciones, así como tu vida. Al reaccionar ante los demás con tus resentimientos y con tu enojo, les estás brindando poder sobre ti. Debido a que el resentimiento puede ser mortal, esto significa que las maldades de los demás, imaginarias o reales, tienen el poder para acabar con tu vida.

Cuando finalmente nos dimos cuenta de todo esto, hace veintitantos años, cada uno de nosotros pensó: *Ahora resulta que he estado dejando que todas estas personas me controlen y determinen quien soy, así como mis pensamientos – y algunas de ellas han estado muertas desde hace veinte o treinta años!* Finalmente, decidimos dejar de permitir que esa gente continuara viviendo dentro de nuestras cabezas. Queríamos que un Poder Superior, no otras personas, dirigiese nuestra manera de pensar.

Superando el resentimiento

Ahora bien. Hemos entendido que debemos superar nuestros resentimientos. ¿Pero cómo hacerlo? No podemos hacerlo con sólo desearlo, como tampoco podemos hacerlo en el caso del alcohol u otras drogas.

pag. 62
lin. 29-
pag. 63
lin. 2

En el párrafo que comienza al final de la página 62, el Libro Grande te dice exactamente lo que puedes hacer para dominar tu resentimiento. Este párrafo te pide que ores por la persona que resientes. Claro, es muy posible que esto no te sea muy fácil, y por supuesto no es algo que deseas hacer. Pero recuerda lo que dijo el Libro Grande anteriormente – que la recuperación significa la destrucción del egocentrismo. La única razón por la que se te dificulta orar por alguien con quien estás resentido, es que tu egocentrismo esta impidiendo que lo hagas.

Sin embargo, aunque te parezca que orar por alguien que resientes es lo mas difícil del mundo, te será mas benéfico orar por alguien a quien no soportas, que emborracharte o drogarte a causa de ese resentimiento.

La versión en inglés del Libro Grande repite y enfatiza este mensaje, en las líneas 19-29 de la página 552. Estas líneas ofrecen las siguientes instrucciones específicas: Aparte de orar por la persona o cosa que resientes, deberás orar también por que *reciba todo lo que te gustaría recibir a ti.* Házlo, aunque no lo sientas. Házlo una vez al día, todos los días, durante dos semanas, *sin importar cuál sea el resultado.* Al cabo de esas dos semanas, creemos que habrán desaparecido tu enojo y tu resentimiento, y habrán sido reemplazados por la compasión y la comprensión.

Es posible que este método te parezca extraño o hasta ridículo al principio, y quizá se te dificulte hacerlo durante los primeros días. Quizá no sepas a quien orar, o tal vez ni siquiera estés seguro de que un Poder Superior exista en realidad. Todo esto no tiene la menor importancia. *Házlo, de todas maneras.* Inténtalo durante dos semanas, aunque no sientas ni pienses que pueda dar resultado.

Realmente funciona. Nunca hemos visto que falle este método – aún para aquellos que juraban que no funcionaría. De hecho, funciona cuando todos los demás métodos han fallado. La versión en inglés del Libro Grande también contiene la historia de una alcohólica en recuperación que se deshizo de todos sus resentimientos, excepto uno. Ese era el resentimiento que tenía hacia su madre, el cual parecía tan enorme y profundo que temía volver a beber debido a él. Sin embargo, oró durante dos semanas, pidiendo que su madre recibiese todo aquello que hubiera deseado tener ella misma. Al cabo de dos semanas, el resentimiento había desaparecido.

Después de esto, esa mujer utilizó este método muchas veces más, cuando volvía a surgir un nuevo resentimiento, y le funcionó todas las veces.

¿Por qué funciona este método? Funciona porque, al entrar en comunión con tu Poder Superior para pedir un bien por alguien o algo, no puedes estar resentido con esa persona u objeto al mismo tiempo. Aunque al principio esa buena voluntad sea falsa, después de un tiempo se vuelve real. La buena voluntad y el resentimiento no pueden existir juntos; la una empuja al otro, sacándole de enmedio. Al final, es imposible estar resentido con la persona por quien estás orando. Al cabo de dos semanas, la buena voluntad habrá sacado todo el resentimiento de tu mente.

Queremos decir algo más sobre los resentimientos: Parecen enormes y poderosos cuando están dentro de tu cabeza, pero al escribirlos en un papel ya no parecen tan enormes ni tan poderosos. De hecho, muchos de ellos parecen verdaderamente estúpidos al verlos por escrito. Según nuestra experiencia, el 95 por ciento de todos los resentimientos parecen estúpidos al verlos por escrito. *Y son exactamente los mismos que parecían tan completamente razonables y justificados – y poderosos –* cuando estaban dentro de las mentes de las personas. Puedes andar por ahí, con un resentimiento alojado dentro de tu cabeza durante veinte años, hasta que sientas que es una parte natural tuya. Pero cuando lo escribes en un papel, inmediatamente te parece estúpido.

De hecho, hemos visto que el 95 por ciento de todos los resentimientos desaparecen cuando las personas los escriben y los ven más claramente. Asimismo, creemos que el 95 por ciento de tus propios resentimientos probablemente desaparecerán también, cuando los hayas escrito y examinado, y hayas visto lo insignificantes que son. Puedes librarte de aquellos resentimientos restantes por medio de la oración, utilizando el método que describimos en la página anterior de este libro.

Por lo tanto, existe un proceso sencillo de dos pasos para deshacerte de tus resentimientos y de tu enojo. Primero, escribe tus resentimientos; segundo, utiliza la oración. El noventa y cinco por ciento de tus resentimientos desaparecerán, porque te parecerán estúpidos; el 5 por ciento restante desaparecerá por medio de la oración.

El reemplazo del enojo

Quizás hayas oido hablar sobre la ley de física que afirma que la naturaleza odia al vacío. Esto significa que, cuando un vacío es creado, algo viene de inmediato para ocupar su lugar. Así sucede con nuestros corazones y con nuestras mentes también. Si desaparecen tus resentimientos, existirá un vacio dentro de tí que tendrá que ser llenado por alguna otra cosa – y lo único que puede llenarlo es lo opuesto al resentimiento.

Conforme vayan desapareciendo tus resentimientos, experimentarás más amor, paciencia, tolerancia y buena voluntad hacia tus semejantes. Cuanto más se alejen de tí tus resentimientos, más se acercarán a tí los buenos sentimientos.

Si un Poder Superior vive dentro de nosotros – y ambos tenemos la certeza de que es así – entonces el amor, la paciencia, la tolerancia y la buena voluntad siempre han formado parte de todo ser humano. Pero quizás anteriormente no te era fácil sentirlos. Si eres como la mayoría de los alcohólicos y adictos, eras incapaz de sentir o de usarlos porque, al haber estado tan ocupado en tu búsqueda de dinero, poder, prestigio, sexo, seguridad, etc., tenías la sensación de que la gente interfería en tu camino, y te enojabas con ellos.

Sin embargo, en cuanto desaparecen tus resentimientos, la voluntad de tu Poder Superior – o sea, el amor, la paciencia, la tolerancia y la buena voluntad – pueden salir a la superficie. Y al poco tiempo, automáticamente, comenzarás a descubrir que posees paz mental, serenidad y felicidad.

CAPÍTULO TRECE

Más sobre el resentimiento

Aún no hemos dicho todo lo que debemos decir sobre los resentimientos. En realidad, será inútil deshacerte de los resentimientos que tienes ahora si no sabes como evitar que se formen nuevos. Después de todo, muchas de las personas, instituciones y principios que antes te hacían enojar, aún andan por ahí y algunos de ellos seguirán haciendo maldades. ¿Cómo puedes evitar que surjan nuevos resentimientos contra ellos? ¿Y cómo puedes evitar estar resentido con personas y objetos nuevos que puedan lastimarte en el futuro?

¿Existe alguna forma de estar totalmente libres de resentimientos – no solamente libres de algunos resentimientos en particular, sino libres de todo resentimiento?

Examinándote a tí mismo

Seguramente, no te será muy sorprendente saber que el Libro Grande te ofrece un método para mantenerte libre de resentimientos. Este método se encuentra descrito en las líneas 8-19 de la página 63. Funciona de la siguiente manera: revisa cada situación que te haya causado resentimiento o enojo; luego, quitando de tu mente los errores que los demás hayan cometido, examina lo que tú hiciste para ocasionar, o bien, para empeorar, la situación. ¿Cómo contribuiste al problema? En cada situación, ¿cómo fuiste egoísta, deshonesto, inconsiderado o temeroso? pag. 63 lins. 8-19

Es muy fácil simplemente culpar a otras personas, instituciones o principios de todo lo que nos ocurre. Asimismo, es fácil excusar nuestra propia culpabilidad diciendo: "Ellos son culpables de todo". Al echar toda la culpa a alguien o a algo, evitamos examinar nuestra propia conducta – y también evitamos admitir: "Bueno, en realidad no fuí tan sólo una pobre víctima. Yo también tuve algo que ver en el asunto".*

En ocasiones actuamos de forma egoísta, lo cual ocasiona problemas para los demás, y ellos a su vez se desquitan y nos ocasionan problemas también. Sin embargo, al estar resentidos con ellos, distorsionamos el incidente y encubrimos lo que hicimos que pudo haber iniciado todo el proceso. Cuando revivimos el incidente dentro de nuestras mentes, la otra persona se ve peor y peor, y nosotros nos vemos mejor y mejor. Nos convertimos en víctimas inocentes dentro de nuestras mentes, en lugar de admitir honestamente que contribuimos a esta situación. De hecho, en algunas ocasiones, descubriremos que en realidad fuimos los iniciadores del problema, si vemos la situación con honestidad.

Aquí necesitamos decir que, de vez en cuando, algunas personas resultan lastimadas sin deberla ni temerla. Pero si eres honesto contigo mismo, verás que *en la mayoría de las ocasiones* fuiste, por lo menos en parte, responsable por lo que te ocurrió. *Esto quiere decir que todos jugamos un papel dentro de la mayoría de nuestros resentimientos.*

Inicialmente, cuando nosotros hicimos nuestros inventarios personales y revisamos nuestros resentimientos, descubrimos algo totalmente inesperado: *¡Ninguno de nuestros resentimientos era verdad!*

Claro, habían parecido reales al estar dentro de nuestras cabezas – pero cuando los escribimos, los revisamos minuciosamente, y tratamos de encontrar el papel que habíamos jugado en cada uno de ellos, nos dimos cuenta de que habíamos tenido la culpa, por lo menos en parte, en cada uno de

---

*La excepción que mencionamos anteriormente en la página 99, referente al sexo oculto, se aplica aquí también. De ninguna manera eres responsable por cualquier abuso, sexual o de otro tipo, que hayas recibido tanto en tu infancia como en tu vida adulta.

los casos. Asimismo, nos dimos cuenta de que lo que pensábamos que había ocurrido en cada caso no era lo que en realidad había ocurrido. *Habíamos utilizado nuestros resentimientos para alterar lo que había ocurrido en nuestra memoria y para echar toda la culpa a los demás.* Los alcohólicos que aún están activos en su adicción tienden a desarrollar esas habilidades. Las desarrollamos porque es difícil vivir con nosotros mismos, si tenemos que encarar honestamente lo que hacemos cuando bebemos. Pero no tenemos que enfrentarnos a nosotros mismos, si podemos enfocarnos en nuestros resentimientos y utilizarlos para transferir la culpa a otras personas, instituciones y principios.

Al revisar nuestros inventarios, también nos sorprendió descubrir que, *en nuestra lista de resentimientos, ninguna de las personas anotadas nos había hecho algún daño sin que antes nosotros le hubiésemos ocasionado un daño a ella. En cada caso, nosotros habíamos hecho algo primero, creándole un problema a esa persona.*

Esto verdaderamente nos azoró. Hasta ese momento, nunca nos habíamos tomado la molestia de examinarnos a nosotros mismos, ni de reflexionar sobre el daño que habíamos causado a los demás. Tan sólo habíamos visto lo que los demás habían hecho y nos sentíamos resentidos con ellos por haberlo hecho – sin importar que quizá lo que nosotros habíamos hecho les hubiese ocasionado algún problema. Nunca nos detuvimos a pensar cómo les habíamos lastimado y cómo ellos, a su vez se habían desquitado.

Reconociendo tus motivos

Ahora sugerimos que revises de nuevo cada uno de los resentimientos después de haber completado tu inventario personal, de principio a fin. Por un momento, ignora lo que las demás personas, instituciones o principios te hicieron; más bien, trata de recordar exactamente el papel que tú jugaste en cada situación. ¿Cómo ocasionaste el problema, o cómo empeoraste algún problema ya existente?

Comienza por el primer resentimiento contenido en tu lista. Supongamos que tiene algo que ver con tu jefe. Mira lo que has escrito en las tres columnas; luego, reflexiona sobre algo que hayas hecho para ocasionarle un problema, por lo que a su vez se desquitó contigo. Házlo sin temor, y sé minucioso y honesto.

Hemos notado que todos los seres humanos tenemos cuatro defectos de carácter en común:

1. Egoísmo
2. Deshonestidad
3. Temor
4. Inconsideración

Toda la gente reaccionamos de manera egoísta, deshonesta, temerosa e inconsiderada en ocasiones. Sin embargo, algunos mostramos estos defectos más a menudo y más profundamente que otros. Y para los alcohólicos y adictos es habitual comportarse así.

Al examinar cada situación en tu inventario y al descubrir que tuviste que ver en ella, pregúntate cuál fue tu motivo. ¿Fuiste egoísta, deshonesto, temeroso o inconsiderado? Quizás fuiste motivado por uno o dos de estos defectos, o tal vez por todos.

Revisa tu inventario completo, desde el principio hasta el fin, recordando cuál fue tu papel en cada situación y determinando tu motivo. Junto a cada artículo, a la derecha de la tercera columna, anota tu motivo con una **E** (egoísmo), una **D** (deshonestidad), una **T** (temor, miedo), o una **I** (inconsideración). Anota una, dos, tres o todas las letras, según los motivos que se apliquen para cada situación.

■ ■ ■

Al hacer esto en todo tu inventario, revisa lo que hayas anotado a la derecha de la tercera columna. ¿Qué letra o letras aparecen con más frecuencia? Si una letra aparece más, el defecto de carácter que ella representa ha afectado más tu vida – *y actualmente es el que tiene más control sobre tí.*

Si la letra **E** aparece frecuentemente a la derecha de tu tercera columna, entonces necesitas ser menos egoísta y más generoso. Si has escrito muchas **D**es, entonces necesitas ser más honesto. Si has escrito la letra **T** muchas veces, entonces debes poner en práctica el valor. Y, por último, si has escrito la letra **I** frecuentemente, entonces necesitas comenzar a ser más considerado con los demás.

Cuanto más aparezca una letra, más significa que deberás trabajar sobre el defecto de carácter que esta representa, al poner en práctica los restantes ocho Pasos en tu vida. Esos cuatro defectos de carácter nos ayudarán a definir la naturaleza exacta de nuestros defectos al trabajar el Quinto Paso. Por lo general, cada uno de nuestros resentimientos es el resultado de algún daño que hemos causado; y ni ese daño ni el resentimiento existirían si no hubiésemos sido egoístas, deshonestos, temerosos o inconsiderados.

Miedo al cambio

Ahora ya sabes mucho sobre tí mismo y sobre tus resentimientos. Has decidido que quieres librarte de todo resentimiento, tanto ahora como en el futuro. Y te has dado cuenta de lo importante que es estar libre de ese resentimiento para tu sano juicio, para tu estabilidad y para tu sobriedad.

Lo que te diremos a continuación es sumamente sencillo, pero absolutamente verídico: *Puedes estar 100 por ciento libre de cualquier cosa que alguien te haya hecho – o te vaya a hacer—si tan sólo te encuentras dispuesto, con la ayuda de tu Poder Superior, a estarlo.* Hasta este momento, no habías estado dispuesto.

Hay otra cosa, así de sencilla y cierta: Tu temor te ha impedido librarte de tus resentimientos. *Lo único que te impide librarte de tus resentimientos es tu temor a vivir sin ellos.* Temes lo que podría ocurrir si desaparecieran esos resentimientos.

En otras palabras, le tienes temor al amor, a la paciencia, a la tolerancia y a la buena voluntad – porque esas son las cosas que ocuparán el lugar de tu resentimiento, cuando éste se haya ido. Asimismo, te atemorizan la serenidad, la felicidad y la paz mental – porque éstas también ocuparán el lugar del resentimiento. *Más que nada, probablemente temes tener que cambiar.*

Si no te quieres deshacer de alguno de tus temores, entonces lo mas probable es que temas vivir sin él. Es posible que estés utilizando un temor como excusa para no hacer algo que realmente deberias de hacer, o bien, para hacer algo que no deberías de hacer. En ese caso, te está deteniendo tu carácter egoísta, deshonesto, temeroso e inconsiderado.

En nuestro siguiente capítulo, examinaremos tu temor y mostraremos qué puedes hacer para reemplazarlo con valor y esperanza.

CAPÍTULO CATORCE

Sobreponiéndote al temor

Hasta ahora, te has dado cuenta de dos cosas importantes que quizá no te eran muy claras antes: Primero, si quieres tener un poco de paz mental, serenidad y felicidad, entonces tendrás que cambiar. Segundo, la única cosa que impide el cambio, tanto para ti como para cualquier otra persona, es el temor.

La naturaleza del temor

La mayoría de alcohólicos y adictos que aún se encuentran bebiendo o usando se ven profundamente afectados por el temor. De hecho, como dice el Libro Grande en las líneas de la página 63, el temor 22-23 toca de un modo u otro casi todos los aspectos de sus vidas. pag. 63 lins. 22-23

Esto no debe ser demasiado sorprendente. Después de todo, si no puedes confiar en los demás, no estás dispuesto a confiar en un Poder superior a tí mismo y puedes ver que tú mismo estás fallando, entonces estarás absolutamente lleno de temor, porque te darás cuenta de que tarde o temprano no tendrás nada en que confiar, ni siquiera en tí mismo. Por eso debemos examinar el temor muy cuidadosamente y ver qué podemos hacer con respecto a él.

Primero, aclaremos lo qué queremos hacer con el temor. Queremos deshacernos de él. Queremos que nos sea removido el temor de nuestras mentes.

Segundo, necesitamos entender cuál es el mayor problema con respecto al temor. *Lo mas grave del temor es que, al igual que el resentimiento, representa un obstáculo entre tu Poder Superior y tú.*

Recuerda que ahora estás llevando a cabo la decisión

115

que tomaste al dar el Tercer Paso. Decidiste poner tu voluntad y tu vida al cuidado de un Poder superior a tí mismo. Por lo tanto, querrás deshacerte de estos temores y resentimientos que controlan tu mente, de tal manera que ese Poder pueda dirigir tu pensamiento.

Aquí vale mencionar que no todos los temores son dañinos. El temor es una parte natural de la vida humana; de hecho, es necesario para poder sobrevivir. No podríamos vivir ni un solo día si careciéramos del temor; no podríamos conducir nuestros automóviles, o atravesar la calle, o ni siquiera comer alimentos sin peligro. Todos nos estaríamos hiriendo constantemente – teniendo accidentes automovilísticos, caminando frente a autobuses que van a alta velocidad, comiendo hongos venenosos, etcétera. El temor nos proporciona el sentido común que nos mantiene vivos. Entonces, una cierta cantidad de temor nos puede beneficiar en la vida.

El problema surge cuando usamos el temor en forma incorrecta, en los lugares o circunstancias equivocados, ó en momentos inoportunos. Al ser usado inapropiadamente, el temor puede ser extremadamente destructivo. Nos roba oportunidades y pone el control de nuestras vidas en manos de otras personas.

Haciendo un inventario de tus temores

La mejor manera de lidiar con tus temores es haciendo exactamente lo que hiciste con tus resentimientos: Escríbelos, analízalos, entiende que parte jugaste en crearlos y reconoce cuáles fueron los motivos que te impulsaron a jugar esa parte. En otras palabras, necesitarás hacer un inventario de tus temores, similar al inventario de resentimiento que hiciste en el Capítulo Doce de este libro.

Para comenzar este inventario, toma una hoja de papel y colócala horizontalmente. Harás tres columnas, parecidas a las que hiciste anteriormente. La primera columna, que estará a la izquierda de la hoja, deberá titularse

Le tengo temor a:

La segunda columna estara en medio de la hoja, y llevará el titulo de

La causa

Y la tercera columna, que estará colocada al lado derecho de la hoja, se titulará

Afecta mi(s):

Entonces, estos serán los encabezados de tu inventario de temores:

Le tengo temor a: *La causa*   *Afecta mi(s):*

■ ■ ■

Luego, consigue un lápiz o bolígrafo y comienza a llenar tu inventario. Tal como lo hiciste antes, empieza por la primera columna (*Le tengo temor a:*); llena completamente esta columna antes de pasar a la segunda columna. Piensa en todos los tipos de temores que tienes – físicos, mentales, emocionales, económicos, o cualesquiera que sean – al anotar en la primera columna todas las personas, instituciones o principios que te atemorizan. Toma el tiempo necesario para pensar, buscar y recordar y trata de que tu lista sea lo más completa posible. Como hiciste antes, si después cambias de opinión o deseas agregar algo, hazlo. Asimismo, tal como lo hiciste anteriormente, sé lo más minucioso, completo, valiente y honesto que puedas. Deja un espacio de una pulgada, más o menos, entre los artículos contenidos en la primera columna para que tengas suficiente espacio para llenar las otras dos columnas después.

La mayoría de la gente no se da cuenta de cuantos temores tienen o del dominio que tienen estos temores sobre su pensamiento, hasta que los anotan en una hoja de papel. Tenemos temores sobre nuestro trabajo, nuestro cónyuge, nuestros hijos, nuestros impuestos, el departamento de policía, etc. Tememos lo que otros opinan sobre nosotros y sobre lo que ellos nos podrían hacer.

Algunos de tus temores serán racionales, otros serán irracionales y otros más instintivos. Quizá tengas cinco o seis, veinte o treinta o inclusive más de cien temores. Escríbelos todos. Utiliza cuantas hojas de papel te sean necesarias para incluirlos todos.

■ ■ ■

Ahora pasa a la segunda columna (*La causa*). Comienza al principio y revisa cada uno de los temores en tu lista, uno por uno. ¿Qué lo ocasionó? ¿Fue algo que hizo esa persona, institución o principio? ¿Fue algo que hiciste tú? ¿Fue algo que te ocurrió hace muchos años? ¿Fue algo que te ocurrió ayer? Sea cual fuere, anótalo. Sé sencillo y directo aquí; no trates de psicoanalizarte demasiado. Escribe las causas más claras y directas de las que estés consciente. No esperamos que escribas que le tienes temor a la oscuridad porque tu madre no te cambió los pañales en forma apropiada cuando eras apenas un bebé. Y si simple y sencillamente no sabes o no puedes entender la causa de un cierto temor, escribe "no lo sé" en la segunda columna.

■ ■ ■

Cuando hayas llenado la segunda columna de principio a fin, comienza a llenar la tercera columna (*Afecta mi(s):*).

Recordarás que en el Capítulo Doce de este libro mencionamos que la gente se enoja cuando sus instintos sociales, de seguridad y sexuales que abarcan algunas de las ocho areas básicas de vida se ven amenazados en alguna forma.

1. Autoestima
2. Orgullo
3. Relaciones personales
4. Seguridad material
5. Seguridad emocional
6. Relaciones sexuales aceptables (sexo que no causará daño, ni a tí ni a otros, y que no entra en conflicto con tus propios valores)
7. Relaciones sexuales ocultas (sexo que tienes que ocultarle a alguien – a tu conyuge, por ejemplo)
8. Ambiciones (planes hacia el futuro)

De seguro, no te sorprenderá que la mayoría de nosotros puede sentir *temor al igual que enojo* cuando una o más de estas áreas básicas de vida, las cuales determinan nuestro sentido del *yo*, se ven amenazadas u obstaculizadas – o cuando pensamos que alguna o más de ellas podría estar en peligro en el futuro.

En la tercera columna (*Afecta mí(s):*), deberás escribir exactamente cuáles son las áreas básicas de vida que están siendo afectadas por tus temores, o sea, cuáles temes que sean perjudicadas o destruidas. Llena la tercera columna de principio a fin, un temor a la vez, y anota el área o las áreas básicas de vida que parezcan estar en peligro en cada uno de los casos. Mantén este libro abierto en la página 118, donde se encuentra la lista de áreas básicas de vida – o si prefieres, copia la lista en una hoja por separado. Como hiciste con tus resentimientos, para la mayoría de tus temores puedes simplemente elegir el área o las áreas básicas de vida apropiadas de esa lista y anotarlas en la tercera columna. Si más de un área básica de vida está siendo afectada por un cierto temor, está bien; inclúyelas todas.

■ ■ ■

Una vez que hayas terminado de llenar la tercera columna, retrocede al principio de tu inventario. Tal como hiciste con tus resentimientos, revisa tu lista una vez más, un temor cada vez. Sin embargo, ahora olvida lo que otras personas, instituciones o principios pudieron haber hecho para provocarte ese temor. En lugar de eso, analiza lo que pudiste haber hecho tú para dañar o amenazar a cada persona, institución o principio. ¿Qué hiciste que pudo haberles causado problemas, por lo que se desquitaron contigo?

Luego piensa sobre los motivos que te llevaron a causar problemas o dolor, en un principio. ¿Fue egoísmo, deshonestidad, temor o inconsideración – o una combinación de estos?*

Enseguida, vuelve a tomar tu lápiz o bolígrafo. Tal

---

*Por supuesto, si fuiste víctima de algún trauma pasado, tales como abuso sexual o físico, guerra, accidente o desastre natural, esto no se aplica. Llevará tiempo trabajar sobre estos temores, quizá con un terapeuta y, obviamente, con la ayuda de tu Poder Superior.

—EDITOR

como hiciste anteriormente, a la derecha de la tercera columna escribe las letras **E** (egoísmo), **D** (deshonestidad), **T** (temor, miedo), o **I** (inconsideración), de acuerdo al motivo que hubo detrás de cada acción que tomaste, la cual lastimó o amenazó a una persona, institución o principio. Si pueden aplicarse más de uno de los cuatro motivos en cierta situación, escríbelos todos, utilizando las letras necesarias. Cuando hayas acabado de anotar tus motivos, tu inventario de temores estará completo. Deja a un lado tu lápiz o bolígrafo, y descansa un poco.

■ ■ ■

Luego, revisa de nuevo los temores en la primera columna. Los temores son exactamente como los resentimientos: parecen enormes, amenazantes, poderosos y extremadamente reales cuando se encuentran dentro de tu cabeza – pero cuando los escribes en un papel y los miras, la mayoría de ellos parecen tontos o ridículos.

Si eres como la mayoría de la gente con quien hemos trabajado, cuando revises tu lista de temores, te parecerán triviales o estúpidos y gran parte de ellos desaparecerán, así como así.

Puedes librarte de casi todos los demás por medio de la oración, en la misma manera en que te libraste de los resentimientos que te quedaban. En un momento hablaremos más sobre esto.

Después de haber revisado minuciosamente la primera columna, mira cuidadosamente el resto de tu inventario de temores. Pon especial atención a lo que escribiste en la tercera columna (*Afecta mí(s):*). ¿Cuáles de las ocho áreas básicas de vida, escritas en la página 118 – autoestima, orgullo, relaciones personales, seguridad material, seguridad emocional, relaciones sexuales aceptables, relaciones sexuales ocultas y ambiciones – aparecen más frecuentemente en esta columna? Cuanto más aparezca una de estas áreas básicas de vida, más temor tendrás con respecto a ella y más la tendrás que examinar de cerca y trabajar en cambiar tu temor.

Sucede lo mismo con las letras a la derecha de la tercera columna: **E** (egoísmo), **D** (deshonestidad), **T** (temor, miedo), o **I** (inconsideración). Si cierta letra aparece con más frecuencia, esto quiere decir que necesitarás trabajar más en corregir el defecto de carácter al que se refiere.

La solución permanente para el temor

Ahora que has mirado de cerca tu inventario de temores, habrás notado cuantos de ellos se iniciaron por tus propios pensamientos y acciones. Esto quiere decir que *si puedes cambiar tu manera de pensar y tus acciones, podrás deshacerte de la fuente de tus temores.* Esto es cierto, aunque no hayas hecho nada para ocasionar ese temor.

También es cierto lo opuesto: Si no cambias tu manera de pensar ni tus acciones, seguirás pensando y actuando como siempre, y probablemente seguirán regresando los mismos viejos temores. A pesar de que puedes deshacerte de tus temores al escribirlos o por medio de la oración, si no existe en ti un cambio de personalidad, nuevos temores ocuparán su lugar.

Pero si puedes cambiar tu manera de pensar y tus acciones, podrás empezar a librarte *permanentemente* de los temores que te acosan. Y en lugar de deshacerte de cada uno de los temores, en forma individual, podrás deshacerte del *temor en sí.*

Desde la línea 31 de la página 63 hasta la línea 21 de la página 64, se habla bastante sobre el temor en el Libro Grande. Al final de este pasaje, hay una prescripción específica para librarte de todo tu temor: *Pide a tu Poder superior que te libre de tu temor y que guíe tu atención hacia lo que Él desea que seamos.* Recuerda, el temor representa un obstáculo entre tu Poder Superior y tú, y ese es el Poder con el que quieres entrar en contacto.

pag. 63 lin. 31- pag. 64 lin. 21

La última frase de este pasaje es particularmente importante. Dice que *en cuanto empieces a orar a tu Poder superior, comienzas a superar el temor. Los resultados son inmediatos.* Y el proceso de crecimiento que habrás iniciado continuará, en la misma medida en que tu continúes trabajando los Doce Pasos, hasta que tu temor haya desaparecido.

En el Capítulo Doce de este libro (página 104) hablamos sobre una oración sencilla para librarnos de los resentimientos; ahora hemos presentado otra oración sen-

pag. 62 lin. 29- pag. 63 lin. 2

cilla para librarnos del temor. Ambas oraciones son fáciles de recordar y de poner en práctica, y ambas son *cien por ciento efectivas*. Anteriormente dijimos que la naturaleza odia un vacío. Al superar tu temor, algo tiene que ocupar su lugar. Ese algo es valor. Al ir desapareciendo tu temor, el valor comienza a surgir. Sucede lo mismo con la fe. Y, automáticamente, comenzarás a sentirte mejor. Te sentirás menos inquieto, irritable y descontento. Sentirás menos verguenza, culpa y remordimiento. Y comenzarás a sentir un poco de serenidad y paz mental.

Al continuar trabajando los Doce Pasos, esta serenidad y paz mental crecerán. Y pronto descubrirás que tu vida se ha transformado, de una vida llena de temor y resentimientos, en una vida llena de felicidad.

CAPÍTULO QUINCE

El problema con el sexo

Existe todavía otra área de tu vida que puede representar un obstáculo entre tu Poder Superior y tú: las relaciones sexuales, que pueden hacerte sentir vergüenza, culpa y remordimiento. Pensamos que es esencial que la gente incluya el tema del sexo en sus inventarios personales, pues aparentemente una de las formas más veloces y fáciles de lastimar a otro ser humano es por medio de nuestra conducta sexual.

El Capítulo 5 del Libro Grande pasa de inmediato al tema del sexo, una vez que ha discutido sobre el resentimiento y el temor. Si miras cuidadosamente el Capítulo, verás que cuando habla sobre inventarios personales, mantiene su enfoque en tres cosas: el resentimiento, el temor y la conducta sexual. Sobre estas tres áreas deberás enfocarte tú al hacer tu propio inventario.

La naturaleza de la sexualidad

Al tratarse del sexo, los seres humanos somos distintos a todos los demás seres de este planeta. Hasta donde hemos podido observar, los animales no piensan en el sexo. A diferencia de nosotros, no cuentan con el mismo poder de razonamiento, ni con las capacidades de elección y decisión. Parece que no piensan en tener sexo antes de tenerlo, ni mientras lo estan teniendo, ni después de haberlo tenido. Cuando llega el momento o la estación apropiados, la hembra y el macho se encuentran, se aparean, y eso es todo. Para los animales, el sexo es algo sencillo.

Los animales no tienen problemas con el sexo, debido a que no se involucran emocionalmente en él. Ninguno de nosotros ha visto alguna vez a una vaca sentada en algún consultorio psiquiátrico, hablando sobre su disfunción sexual. Los seres humanos somos diferentes. No tenemos que esperar a que llegue el momento o la estación apropiada para tener sexo. Podemos tenerlo cuando queramos, a cualquier hora, en cualquier día, semana o mes del año. Podemos tener sexo con cuanta gente nos parezca, cuantas veces se nos antoje y en las posiciones que deseemos. Podemos pensar en el sexo antes de tenerlo, mientras lo estemos teniendo, y después de haberlo tenido. Nuestra capacidad para pensar, razonar y tomar decisiones provoca que nos involucremos emocionalmente en el sexo. Como resultado de este involucramiento, a veces utilizamos el sexo para lastimar a los demás. Desafortunadamente, el sexo puede ser usado para dañar a otras personas más rápida, fácil y profundamente que casi cualquier otro medio.

La postura del libro grande sobre la conducta sexual

pag. 64 lin. 22- pag. 66 lin. 10 La discusión que presenta el Libro Grande sobre la sexualidad comienza en el último párrafo de la página 64 y continúa hasta la línea 10 de la página 66. Lee el último párrafo de la página 64 (que termina en en la página 65), el cual comienza enfatizando la importancia de ser sensatos en esta cuestión.

La gente tiene todo tipo de opiniones sobre el sexo. Algunos dicen que lo debes tener donde sea, a cualquier hora y con quien te venga en gana. Otros dicen que está mal tenerlo, a menos de que lo tengas de cierta manera y solamente con cierta persona.

pag. 65 lins. 1-4 Queremos asegurarnos de que entiendes cuál es la postura del Libro Grande sobre la sexualidad. Esta aparece en las líneas 1-4 de la página 65. Dice que *no queremos ser árbitros de la conducta sexual de nadie.*

Luego, el Libro Grande afirma que *todos* tenemos problemas sexuales. De hecho, no seríamos humanos si no los tuviésemos.

Cuando nosotros leímos esas líneas en el Libro Grande la primera vez, sentimos un enorme alivio. Por un lado, no nos habíamos dado cuenta de que todos los demás tenían problemas sexuales. Pensábamos que éramos un par de seres raros, dos de las pocas personas cuyas vidas sexuales eran menos que perfectas. También nos sorprendió; estábamos seguros de que tanto Bill W. como sus compañeros de Alcohólicos Anónimos estaban alistándose para condenarnos por lo que habíamos hecho en el pasado, y estábamos convencidos de que iban a decirnos lo que debíamos o no debíamos hacer en el futuro. Pues bien, nos equivocamos. El Libro Grande no marca pautas referentes al sexo, ni te dice lo que es sexualmente aceptable o no.

Lo que sí hace el Libro Grande, como veremos en las próximas páginas de este libro, es darte una manera de revisar tu vida sexual pasada, para ver si en alguna forma dañaste a otras personas con ella. Si lo hiciste, entonces el Libro Grande te ayudará a desarrollar una nueva vida sexual para el futuro; una vida sexual que no lastime a otros y con la cual puedas vivir sin sentirte inquieto, irritable y descontento. Será una vida sexual que no resultará en temor, culpa, remordimiento ni vergüenza.

Quizá tu nueva vida sexual sea con alguien con quien has estado involucrado hace tiempo y a quien has lastimado en el pasado. Pero tendrá un nuevo cimiento, un cimiento de honestidad y compasión. Esta nueva vida sexual te ayudará a tener paz mental, serenidad y felicidad en tu vida.

Haciendo un inventario de tu conducta sexual

Anteriormente dijimos que el Libro Grande propone que los inventarios personales se dividan en tres partes: resentimientos, temores y conducta sexual. Cuando hayas acabado de hacer tu inventario de resentimientos, así como tu inventario de temores, tendrás que hacer, sin temor, un minucioso inventario moral de tu conducta sexual.

Así como lo hiciste antes, comienza por tomar una hoja de papel y colócala en forma horizontal. Divídela en tres columnas. La primera columna deberá estar sobre el lado izquierdo de la página; la segunda columna, a la mitad de ella y la tercera columna deberá estar sobre el lado derecho de la página.

Titula la primera columna

He lastimado o amenazado a:

Titula la segunda columna

Lo que hice:

Y titula la tercera columna

La causa:

Entonces, los tres encabezados de tu inventario de conducta sexual serán:

He lastimado o amenazado a: *Lo que hice:*   *La causa:*

Estos encabezados son un poco diferentes de los que utilizaste en tus inventarios de resentimientos y de temores. En breve, explicaremos como funcionan estas diferencias.

Ya te habrás dado cuenta de que el propósito de hacer un inventario no consiste en tratar de descubrir quién te ha hecho algún daño. De hecho, es lo opuesto a ello.*

Tu propósito consiste en descubrir a quién has dañado o amenazado *tú*, en que forma dañaste o amenazaste a alguien y por qué lo hiciste. Sugerimos que comiences tu inventario de conducta sexual con esto. En la primera columna (*He lastimado o amenazado a:*), anota todas las personas, instituciones y principios a los que les haya ocasionado problemas tu conducta sexual. Tal como lo hiciste antes, llena esta columna de principio a fin, antes de pasar a la segunda. Deja un espacio de una o dos pulgadas entre cada artículo contenido en la primera columna, para tener suficiente espacio para llenar las otras dos.

---

*Una vez más, si fuiste abusado sexualmente, tanto en tu infancia como en tu vida adulta, entonces es muy claro que fuiste tú la persona dañada, por lo que no debes incluir estas instancias en tu inventario de conducta sexual. Al ser víctima de abuso sexual, la vergüenza y temor que sientes no son señales de que tú hayas ocasionado el problema. El abusador es la persona que ocasionó el problema, y quizá quieras buscar ayuda profesional para sanar las heridas que hayan resultado de este trauma.

Es posible lastimar a muchas personas en muchas formas distintas por medio de las relaciones sexuales. No pedimos que te limites a anotar a las personas con quienes hayas estado involucrado sexualmente. Por ejemplo, si estás casado, tienes dos hijos y pasas las noches teniendo sexo con alguien que no es tu cónyuge y tu cónyuge se entera de esto, entonces has creado problemas para muchas personas: tu cónyuge, tus hijos, la persona con quien tuviste relaciones sexuales y, por supuesto, para tí mismo. Si tu amante secreto tiene familia, entonces también estás lastimando a esas personas. Una falta de conducta sexual puede dañar a muchas personas distintas.

En tu inventario, anota todas las personas a quienes hayas lastimado o amenazado con tus actividades sexuales, sin importar que hayas tenido tenido relaciones sexuales con ellas o no, y sin importar su edad o la relación que tienen contigo. Luego, agrega todas las instituciones (tales como tu lugar de empleo, tu iglesia o tu escuela) y principios (o sea, los valores que solías tener sobre el comportamiento sexual) que hayas traicionado al lastimar a las personas contenidas en tu lista.

Piensa detenidamente y trata de que tu lista sea lo más completa y minuciosa posible. Si deseas agregar más artículos después, hazlo.

■ ■ ■

Cuando hayas terminado de llenar la primera columna, comienza a trabajar en la segunda columna (*Lo que hice:*). Junto a cada persona, institución o principio contenida en la primera columna, anota lo que hiciste, que a su vez le haya ocasionado dolor o problemas a cada uno de ellos.

Existen muchas clases de actos diferentes que quizá merezcan estar incluidas en la segunda columna. Obviamente, puedes lastimar a una persona teniendo sexo con ella, o bien, teniendo sexo con alguien más, en vez de ella. Pero también puedes lastimar a la gente con tus exigencias. Quizá ignoraste los deseos y preferencias de tu pareja, insistiendo que tuviese sexo contigo, bajo tus condiciones. O tal vez lastimaste a tu pareja al mostrar frialdad y falta de interés, evitando las relaciones sexuales para castigarla. Quizá hayas provocado celos al coquetear con alguien frente a tu cónyuge. Todas estas cosas deberán ser anotadas en tu segunda columna.*

■ ■ ■

Cuando hayas terminado la segunda columna, de principio a fin, comienza a llenar la tercera columna (La causa:). Aquí, no queremos que digas cuáles son los eventos o las personas que ocasionaron que hicieras lo que hiciste. Mas bien, pedimos que anotes qué parte de tu ser ocasionó esos actos. ¿Cuáles fueron tus necesidades instintivas sociales, de seguridad y sexuales que se vieron amenazadas? En los Capítulos Doce y Catorce, te proporcionamos una lista de ocho áreas básicas de vida que determinan nuestro sentido del yo y que son perjudicadas por los resentimientos y temores: la autoestima, el orgullo, las relaciones personales, la seguridad material, la seguridad emocional, las relaciones sexuales aceptables, las relaciones sexuales ocultas y las ambiciones. En este inventario, no tendrás que usar las dos áreas sexuales, o sea, las relaciones sexuales aceptables o las relaciones sexuales ocultas, ya que de antemano sabes que tu comportamiento sexual estará incluido en cada artículo de tu lista. Por lo tanto, las seis áreas restantes son:

1. Autoestima
2. Orgullo
3. Relaciones personales
4. Seguridad material
5. Seguridad emocional

---

*Si al revisar esta lista, notas un patrón de abuso sexual hacia otros, entonces ahora necesitas ver en qué forma buscarás ayuda para romper ese patrón. Si has abusado a tu pareja o parejas físicamente, o has forzado a algunas personas a tener sexo, especialmente si has violado a alguien o si has tenido relaciones sexuales, incestuosas o de otro tipo (ya sea físicas, verbales o visuales) con menores de edad, haz planes inmediatos para buscar ayuda profesional, de tal manera que no se repita este comportamiento. En ocasiones, el uso de alcohol o de otras drogas oculta otros graves problemas que debes encarar, lidiar con ellos y solucionarlos para poder hacer, sin temor, un verdadero inventario minucioso.

—EDITOR

6. Ambiciones

La conducta sexual más dañina se basa en el deseo por obtener una o más de estas seis áreas básicas de vida.

Al llenar la tercera columna (*La causa:*), de principio a fin, mantén estas seis áreas en mente, y escríbelas donde puedan aplicarse. Probablemente descubrirás que aparecen una y otra vez. Mantén el libro abierto en esta página, frente a ti, al trabajar la tercera columna, o escribe estas seis áreas básicas de vida en una hoja por separado. Utilizarás esta lista para escribir la mayoría de los artículos en la tercera columna.

Al principio, esto es sorprendente para muchos. Piensan: *Si mi conducta sexual lastimó a alguien, ¿no es posible, entonces, que la causa de mi conducta sea mi instinto sexual? ¡Ésto ni siquiera se encuentra en la lista!*

Esto puede parecer verdad inicialmente, hasta que analizas lo que realmente haces. *El hecho es que muy rara vez es el instinto sexual en sí el que ocasiona un comportamiento sexual que lastime a otros.*

Nuestros motivos son diferentes de los que tienen los animales. Rara vez sentimos excitación sexual, nada más; por lo general, se combina con otros impulsos. De vez en cuando, la causa de un problema se debe a mera excitación sexual, pero si revisas tu pasado cuidadosamente, verás que en la mayoría de los casos buscabas algo más que simplemente sexo. Estabas tratando de sentirte orgulloso, de aumentar tu autoestima o de satisfacer los deseos de seguridad emocional, seguridad material o relaciones personales.

Ahora bien, no hay nada malo con querer sentirte orgulloso, con tratar de aumentar tu autoestima o con desear tener seguridad material, seguridad emocional o una relación personal. De hecho, es maravilloso tener todas estas cosas. *El problema surge cuando tu deseo por satisfacer estas necesidades básicas de vida ocasiona que lastimes a otros.*

Por ejemplo, muchos utilizan el sexo para aumentar su autoestima. Se sienten mejor y más poderosos al atraer o al tener sexo con muchas personas. El problema es que, durante el proceso de sentirse mejor y más poderosos, lastiman a esas otras personas. El sexo esta involucrado, pero no es la causa del problema. *La causa es el deseo por tener una mejor autoestima.* El sexo es el mecanismo o el medio que algunos utilizan para satisfacer este deseo.

Algunos tienen sexo para obtener lo que ellos consideran como una relación personal con alguien. Es posible que se encuentren solos y deseen tener un compañero o simplemente alguien que les preste atención, por lo que tienen sexo para poder estar con alguien en lugar de estar solos. Una vez mas, el sexo esta involucrado, pero el verdadero motivo es el deseo por tener companía, no el instinto sexual.

Otros utilizan el sexo para alimentar su orgullo. Quizá la esposa de un individuo no esté comportándose como a él le gustaría, por lo que piensa: "Ya verá" y, para "castigarla", comienza a tener sexo con la mejor amiga de ella. No esta haciendo esto para simplemente tener sexo; lo está haciendo en forma vengativa, para satisfacer su deseo de orgullo.

Por último, todos estos ejemplos surgen de un deseo por conseguir algo más que el sexo. Al llenar la tercera columna, piensa como han afectado tu conducta sexual los deseos de autoestima, orgullo, relaciones personales, seguridad material, seguridad emocional y ambiciones.

■ ■ ■

Al terminar la tercera columna, regresa al comienzo de tu inventario. Mira cada artículo y pregúntate cuál fue el motivo de tus acciones. ¿Acaso fue el egoísmo, la deshonestidad, el temor o la inconsideración, o bien, alguna combinación de todos ellos?

Escribe tus motivos junto a cada artículo de tu inventario, a la derecha de la tercera columna. Tal como hiciste antes, utiliza la letra **E** de egoísmo, **D** de deshonestidad, **T** de temor o miedo, e **I** de inconsideración. Donde puedan aplicarse más de uno de los cuatro motivos en una determinada situación, utiliza más de una letra.

Ahora, haz a un lado tu lápiz o bolígrafo. Ha llegado el momento de revisar este inventario, para ver que es lo que indica.

■ ■ ■

Primero, nos gustaría que reconocieras que *tu instinto sexual no es la causa de tus problemas sexuales. Las causas son el egoísmo, la deshonestidad, el temor y la inconsideración.** Cuando estos defectos de carácter dirigen tus actos, buscando la autoestima, el orgullo, las relaciones personales, la seguridad material, la seguridad emocional o la satisfacción de tus ambiciones, acabas por ocasionar dolor y dificultades a los demás, así como a tí mismo. Es posible que hayas utilizado tu sexualidad para alcanzar estas metas, pero ésta no es la fuente de tus problemas.

Cuando ambos hicimos nuestros inventarios de nuestra conducta sexual y nos dimos cuenta de que nuestra sexualidad no era la causa de nuestros problemas, inmediatamente nos sentimos mucho mejor. Habíamos creído que nuestros impulsos sexuales nos dominaban y eran anormales, por lo que nos sentíamos culpables y, por supuesto, inquietos, irritables y descontentos. Pero cuando miramos nuestros inventarios y descubrimos lo que habíamos estado haciendo, o sea, utilizando nuestra sexualidad para alcanzar otras metas, entonces nuestros impulsos sexuales ya no parecieron ser tan todopoderosos y ya no nos sentimos tan anormales. También nos dimos cuenta de que nuestro egoísmo, deshonestidad, temor e inconsideración nos controlaban mucho más que nuestro instinto sexual. Hasta ese momento, habíamos pensado que éramos demasiado sexuales, cuando en realidad éramos inseguros y poco compasivos. Habíamos estado tratando de utilizar el sexo para incrementar nuestro sentido de seguridad y autoestima.

Al descubrir esto, nuestros problemas sexuales comenzaron a disminuir inmediatamente. El deseo de seguir haciendo las mismas cosas y de crear más problemas se

---

*Las causas de los problemas sexuales son el egoísmo, la deshonestidad, el temor y la inconsideración, *excepto* en los casos de desórdenes sexuales (que incluyen comportamientos sexuales compulsivos), los cuales son enfermedades y requieren de un tratamiento especial. Tanto terapia profesional como grupos de auto-ayuda de Doce Pasos se encuentran disponibles para la recuperación de la adicción sexual.

—EDITOR

redujo. Nuestra vergüenza, culpa y remordimiento comenzaron a desaparecer. Y ya no nos sentimos tan inquietos, irritables y descontentos con respecto al sexo. Creemos que te ocurrirá lo mismo al revisar tu inventario de conducta sexual. Al revisar tu inventario, analiza cuáles son las seis áreas básicas de vida, o sea, la autoestima, el orgullo, las relaciones personales, la seguridad material, la seguridad emocional y las ambiciones, que aparecen con mayor frecuencia en la tercera columna. Cuanto más aparece una de éstas, más la deseas, más te impulsa y te controla, y más necesitas trabajar en ella al continuar trabajando los Doce Pasos.

Lo mismo ocurre con las letras que anotaste a la derecha de la tercera columna. ¿Qué letra o letras aparecen más frecuentemente: la **E** de egoísmo, la **D** de deshonestidad, la **T** de temor o la **I** de inconsideración? La letra o letras que aparecen más a menudo te indicarán cuáles son los defectos de personalidad que en este momento tienen más poder sobre ti. Estos son los defectos que requieren de una mayor atención y que necesitas trabajar y pedir a tu Poder Superior que te libere de ellos, al trabajar los Doce Pasos.

Superando el egoísmo, la deshonestidad, el temor y la inconsideración

Ahora que has hecho un inventario de tu conducta sexual, ¿qué puedes hacer para cambiar tu conducta en el futuro? El Libro Grande te ofrece una guía clara, práctica y fácil de seguir. Esta comienza en la línea 19 de la página 65 y continúa hasta la línea 14 de la página 66. Comprende: Estar dispuestos a hacer reparaciones en los casos en que hayamos causado daño a personas, instituciones y principios, siempre y cuando al hacerlo no causemos más daño aún; evitemos pensar o recibir consejos en forma histérica; oremos por cordura y por fortaleza para hacer lo que es debido.

Para resumir, reparamos el daño sexual tal como lo haríamos con cualquier otro problema.

En las líneas 9-14 de la página 66, el Libro Grande explica exactamente qué hacer cuando el sexo es muy dificultoso. La solución es dedicarte a trabajar más intensamente

pag. 65 lin. 19- pag. 66 lin. 14

pag. 66 lins. 9-14

para ayudar a otros; no porque pienses que esto les beneficia a ellos, sino porque esto te hace salir de tí mismo, lo cual a su vez te beneficia.

Salir de tí mismo y ayudar a otros es el mejor método que existe para escapar del egoísmo, de la deshonestidad, del temor y de la inconsideración. Puede ser utilizado con cualquier problema o deseo, no solamente con el sexo. Si tienes un grave problema en tu propia vida, trata de ayudar a alguna otra persona. Esto realmente funciona, y acabas ayudándote a tí mismo. Al estar envuelto en un problema, también estás completamente envuelto en tí mismo. Pero cuando ayudas a otra persona, a menudo te involucras tanto en ayudarla que automáticamente sales de tí mismo. Y al olvidar tu yo, un Poder Superior puede ocupar su lugar y puede empezar a trabajar en tu vida. *La manera de escapar de la preocupación contigo mismo, que representa un obstáculo entre tu Poder Superior y tú, es ayudando a otra persona.*

Completando el cuarto paso

Ya has hecho tres inventarios personales: uno de tus resentimientos, uno de tus temores y uno de tu conducta sexual. En estos inventarios, has anotado la mayoría de las personas, instituciones y principios a los que has lastimado o amenazado en tu vida. Sin embargo, es posible que aún existan algunos que no hayas anotado en ninguno de tus tres inventarios. Quizá existan personas, instituciones o principios a los que hayas causado problemas en formas que tienen poco o nada que ver con tus temores, resentimientos o conducta sexual.

Para completar el Cuarto Paso, tendrás que hacer un cuarto y último inventario. Puedes ponerle el nombre de inventario misceláneo. Incluye en él todas aquellas personas, instituciones o principios a los que has lastimado o amenazado en tu vida, que no hayas incluido en alguno de tus tres inventarios anteriores.

Prepara este inventario tal como hiciste con los demás. Coloca una hoja de papel horizontalmente. La primera columna estará al lado izquierdo de la página; la segunda columna se encontrará en medio; y la tercera columna estará a la derecha. Titula la primera columna

*He lastimado o
amenazado a:*

Titula la segunda columna

Lo que hice:

Titula la tercera columna

La causa:

Por lo tanto, los tres encabezados de tu inventario misceláneo serán:

He lastimado o amenazado a:	*Lo que hice:*	*La causa:*

Tal como hiciste anteriormente, trabaja una columna cada vez, de principio a fin.

En la primera columna (*He lastimado o amenazado a:*), anota todas aquellas personas, instituciones o principios a los que has causado problemas, dejando un espacio de aproximadamente una pulgada entre cada artículo.

■ ■ ■

En la segunda columna (*Lo que hice:*), escribe lo que hiciste que haya causado daño a cada persona, institución o principio.

■ ■ ■

En la tercera columna (*La causa:*), anota las áreas básicas de vida que se vieron amenazadas o perjudicadas, lo cual te llevó a hacer lo que hiciste. Recordarás que las ocho áreas son:

1. Autoestima
2. Orgullo
3. Relaciones personales
4. Seguridad material
5. Seguridad emocional

6. Relaciones sexuales aceptables (sexo que no causará daño, ni a ti ni a otros)
7. Relaciones sexuales ocultas (sexo que debes ocultarle a alguien)
8. Ambiciones

■ ■ ■

Finalmente, a la derecha de la tercera columna, anota tus motivos: el defecto o los defectos de carácter que hayan motivado tus actos. Usa una **E** para egoísmo, **D** para deshonestidad, **T** para temor o miedo y una **I** para inconsideración. Siéntete con la libertad de utilizar más de una letra en cada artículo.

■ ■ ■

Al terminar, revisa tu inventario misceláneo. ¿Cuál de esas áreas básicas de vida aparece con mayor frecuencia en la tercera columna? ¿Cuáles de los cuatro defectos de carácter, anotados a la derecha de la tercera columna, aparecen más frecuentemente? ¿Qué otros patrones ves? ¿Qué más te dice este inventario?

■ ■ ■

Cuando hayas acabado, habrás terminado el Cuarto Paso. Habrás completado, sin temor, un minucioso y honesto inventario moral de tí mismo. Por favor, guarda estos inventarios para referirte a ellos en el futuro; los seguirás utilizando en la mayoría de los Pasos y capítulos a continuación.

Al terminar, estarás listo para el Quinto Paso.

CAPÍTULO DIECISEIS

En recuperación

El Libro Grande dice, una y otra vez, que la fe puede hacer por nosotros lo que no podemos hacer por nosotros mismos. Esperamos que ya estés convencido de que un Poder Superior puede remover cualquier voluntad propia que haya sido un obstáculo entre El y tú. Asimismo, esperamos que hayas comenzado a ver el valor que tienen la paciencia, la tolerancia y la buena voluntad hacia tus semejantes; y más aún, la importancia de poner en práctica esos principios en tu vida diaria.

Confiar en alguien más

El siguiente Paso es el Quinto. En este, admites ante Dios, ante tí mismo y ante otro ser humano la naturaleza exacta de tus defectos.

Habiendo ya trabajado el Cuarto Paso, el hecho de admitir tus defectos ante tí mismo y ante un Poder Superior no debe ser difícil. Tus inventarios personales ya incluyen una lista de la mayoría de tus defectos. Todo lo que necesitas para admitirlos ante tí mismo y ante tu Poder Superior es un poco de honestidad y de valor.

La tercera parte del Quinto Paso es un poco más difícil. Necesitas hablar sobre tus errores con otro ser humano. Idealmente, esta persona deberá ser alguien que haya recorrido el mismo camino antes de tí, alguien que comprenda los Doce Pasos, el proceso de inventario del Libro Grande, y lo que estás intentando hacer. Esta persona podría ayudarte a ver cosas sobre tí mismo que tú no podrías hacer solo, ya que puede mirar tu vida desde afuera, y porque algunas de sus experiencias se asemejan a las tuyas. Es probable que tu madrina o padrino sean las personas más indicadas. Sin embargo, si no están disponibles, existen otros individuos familiarizados con la recuperación de Doce Pasos que podrían ayudarte: muchos terapéutas, amigos de confianza, miembros del clero, etc. El Libro Grande (desde la línea 35 de la página 68 hasta la línea 21 de la página 69) hace algunas excelentes recomendaciones para encontrar a la persona indicada.

Observa que en este pasaje el Libro Grande sugiere que no le cuentes tu historia a alguien que pueda resultar perjudicado al oirla. La persona debe comprender y hasta quizá conmoverse, pero tu confesión no debe causarle ningún daño.

La confesión es benéfica para el alma, y te sentirás mucho mejor al hacerla. Pero el propósito principal del Quinto Paso, tal como lo vemos, es sustraer toda la información que puedas sobre tí mismo, con la ayuda de otro ser humano. Tus inventarios del Cuarto Paso representan una parte del recorrido que harás hacia una confesión completa y honesta; tu plática con otra persona en el Quinto Paso finalizará este recorrido. Inclusive, sugerimos que utilices tus cuatro inventarios (los inventarios discutidos en los Capítulos Doce, Catorce y Quince) cuando cuentes tu historia.

Los defectos que discutirás con otra persona serán aquellos que han sido obstáculos entre tu Poder Superior y tú: tus resentimientos, tus temores y el daño que has ocasionado a otros. Para analizar la naturaleza exacta de tus defectos, hablarás sobre qué parte o partes de tí han sido afectadas: el instinto social (previamente discutido como las áreas humanas básicas de autoestima, orgullo y relaciones personales), instinto de seguridad (material y emocional), instinto sexual (aceptable u oculto) o ambición, así como el defecto de carácter que lo haya ocasionado. ¿Acaso fue el egoísmo, la deshonestidad, el temor o la inconsideración?

Cuando hayas trabajado el Quinto Paso, notarás que ocurrirán grandes cambios de personalidad en tí. El Libro Grande describe estos cambios elocuentemente en las líneas 6-18 de la página 70. Es aquí, finalmente, donde comenzarás a tener una experiencia espiritual y a saber que tu obsesión por beber ya no controla tu vida.

138

Deshaciéndonos de nuestros defectos de carácter, faltas o deficiencias

El penúltimo párrafo de la página 70 del Libro te pide que, después de haber trabajado el Quinto Paso, revises lo que hayas hecho hasta ahora, para ver si acaso has omitido algo, y para asegurarte de haber sido honesto y minucioso. Se te pide que leas los primeros Cinco Pasos una vez más, para estar seguro de haberlos trabajado sincera y completamente.

pag. 70
lins.
19-21

Después de haber trabajado completamente el Quinto Paso, estarás listo para el Sexto Paso, en el cual estás enteramente dispuesto a dejar que un Poder Superior a tí mismo te libere de todos los defectos de carácter que hayas descubierto en el Cuarto y Quinto Paso.

El Libro Grande utiliza el término "defectos" en el Quinto Paso, y la frase "defectos de carácter" en el Sexto Paso. En el Séptimo Paso, así como en otras secciones del texto, el Libro Grande utiliza la palabra "defectos" de nuevo. En otras secciones del texto, el Libro Grande utiliza otros términos, tales como "deficiencias", para referirse a "defectos de carácter". Hemos asistido a algunas juntas de Alcohólicos Anónimos donde la gente tiene discusiones sobre las diferencias que existen entre "deficiencias" y "defectos de carácter". Opinamos que eso no tiene relevancia. Hasta donde alcanzamos a ver, todos estos términos significan exactamente lo mismo. De hecho, a lo largo del Libro Grande, Bill W. se refiere con frecuencia a lo mismo, utilizando dos, tres o cuatro términos diferentes, tales como "defectos", "faltas", "deficiencias", etc. Creemos que esto lo hizo para proporcionar una variedad y para evitar la repetición.

Nos parece interesante que el simple hecho de estar dispuesto a dejar que un Poder Superior te libere de tus defectos de carácter sea un Paso en sí (Sexto Paso). No es sino hasta el Séptimo Paso donde realmente pides a tu Poder Superior que te libere de todos aquellos defectos. Esto no es accidental. El Libro Grande reconoce que, aunque podamos ver y comprender cuáles son todos nuestros defectos de carácter o deficiencias, quizás aún no estemos dispuestos a liberarnos de ellos.

Aunque parezca extraño, en ocasiones preferimos permanecer sumidos en el dolor y en el sufrimiento de hoy que arriesgarnos a hacer algo distinto. Nos hemos acostumbrado a ese dolor y sabemos cómo es, y hemos aprendido a lidiar con él a nuestro modo, pero no sabemos lo que podría deparar el futuro sin ese dolor. Por lo tanto, en muchos casos preferimos sufrir con lo que nos es familiar, que tomar el riesgo de cambiar.

Otra razón por la que muchos de nosotros no queremos liberarnos de nuestros defectos es que algunos de ellos son divertidos y excitantes. Ocasionan problemas para nosotros y para otras personas, y nos conducen a sentir inquietud y descontento en vez de paz y serenidad, pero ya que son divertidos y excitantes, no estamos dispuestos a liberarnos de ellos.

Algunas personas tienen la preocupación de que si un Poder los libera de todos sus defectos de caracter, ¡no les quedará personalidad alguna! Pero no es así como esto funciona. No tienes que acabar con un hueco en tu personalidad. Recuerda que la naturaleza odia un vacío. Cuando tus defectos de carácter desaparezcan, otras cosas vendrán a ocupar su lugar: el amor, la honestidad, el valor, la generosidad y la voluntad de un Poder Superior, y hasta quizás un poco de paz y serenidad. *Tus defectos de carácter o deficiencias serán reemplazados por fortalezas de carácter.* Te preguntarás por qué no tomaste este camino antes, al darte cuenta de que estas fortalezas superan cualquier otra cosa que hayas tenido en tu personalidad.

Cuando hayas entendido todo esto completamente, entonces estarás enteramente dispuesto a dejar que Dios te libere de todos tus defectos de carácter y deficiencias; habrás dado el Sexto Paso.

Ahora puedes dar el Séptimo Paso, donde humildemente pides a tu Poder Superior que te libere de tus defectos.

Al principio, este Paso puede parecer como un simple resultado del Sexto Paso. Pero ya hemos aprendido que tu Poder Superior no removerá de tu personalidad los defectos de carácter, deficiencias, etc., a menos de que *se lo pidas.*

pag. 71
lins. 3-9 El Libro Grande contiene una oración que puedes utilizar para este propósito en las líneas 3-9 de la página 71. Nos gusta esta oración porque es sencilla, clara, honesta y directa. Pero no tienes que usarla; si te vienen otras palabras a la mente, utilízalas. Siéntete con la libertad de decir

140

cualquier cosa que surja naturalmente desde el fondo de tu corazón.

A la mayoría de nosotros, después de haber llegado a este punto, nos gustaría que nuestro Poder Superior nos liberase de todos nuestros defectos de carácter como "por arte de magia", para convertirnos tan puros como la nieve, en forma inmediata. Creemos que ya te habrás dado cuenta de que las cosas no funcionan así. Por lo general, es un proceso gradual, lento y constante.

Algo que hemos aprendido a través de los años es que nuestro Poder Superior puede hacer algo que nosotros no podemos; pero este Poder no hará por nosotros lo que bien podríamos hacer por nosotros mismos. No podemos liberar nuestros propios defectos de carácter; lo único que podemos hacer es pedir a nuestro Poder Superior que nos libere de ellos. Y ese Poder será capaz de liberarnos de ellos. Sin embargo, *sí podemos* poner en práctica una vida distinta a la de antes, cuando nos dominaban nuestros defectos de carácter. Podemos tratar de vivir de acuerdo a algunos principios: los principios de generosidad, honestidad, valor y consideración.

Una vez que hayas pedido a tu Poder Superior que te libere de tu egoísmo, entonces podrás poner en práctica la generosidad, con la ayuda de ese Poder. Poco a poco, tus viejos hábitos mentales podrán morir, para ser reemplazados por otros nuevos. Esto llevará tiempo y esfuerzo de tu parte, pero con la ayuda de un Poder Superior y con la fuerza de voluntad que puedas poner al servicio de ese Poder, podrás comenzar a ser generoso.

Una vez que hayas pedido a tu Poder Superior que te libere de tu deshonestidad, entonces podrás ser honesto, con la ayuda de ese Poder y de tu sincero esfuerzo. Quizás esto te resulte difícil al principio, pero a medida que tu Poder Superior vaya liberándote de tu deshonestidad y que practiques la honestidad, tu viejo hábito morirá y será reemplazado por lo opuesto a la deshonestidad.

Una vez que hayas pedido a tu Poder Superior que te libere de tu temor, entonces con Su ayuda y con la fuerza de voluntad que pongas a Su servicio, podrás comenzar a hacer todo lo que temías hacer anteriormente. Y podrás dejar de hacer aquello que temías dejar de hacer. Al poco tiempo, verás que tu temor será reemplazado por el valor.

Una vez que hayas pedido a tu Poder Superior que te libere de tu inconsideración, entonces con Su ayuda, con tu propio esfuerzo, y con la fuerza de voluntad que pongas a Su servicio, podrás comenzar a ser considerado con los demás. Poco a poco, al paso del tiempo y al practicar esto repetidamente, el viejo hábito de la inconsideración morirá y el nuevo hábito de la consideración lo reemplazará, convirtiéndose en algo natural.

Al poner en práctica la generosidad, la honestidad, el valor y la consideración, algo sorprendente comenzará a ocurrir: tu vieja manera de ser desaparecerá y morirá, en tanto que una nueva personalidad ocupará su lugar. Descubrirás que esta nueva personalidad, así como tu nueva forma de vida son mucho, pero mucho mejores que la personalidad y la manera de vivir que solías tener.

El Séptimo paso y la vida cotidiana

Cuando ambos dimos el Séptimo Paso hace veintitantos años, nos preocupaba pensar en comó podíamos ganarnos la vida si ahora tendríamos que ser generosos, honestos, valientes y considerados. Desde entonces, hemos aprendido que seguir estos Pasos resulta en una forma de vida mucho mejor, más sencilla, más cuerda, más comoda, y mucho menos estresante. Por un lado, estos principios no nos provocan culpa o remordimiento. Por otro lado, te sientes mucho mejor con respecto a tí mismo y no tienes que vivir con la preocupación de ser descubierto después de haber hecho algo que causa problemas. Asimismo, te relacionarás mejor con tus semejantes.

El Séptimo Paso no es algo que basta llevar a cabo una sola vez; *debes practicarlo con regularidad, en forma diaria.*

Es posible que esto implique forzarte a hacer algo que no quieres hacer, en un principio. Sin embargo, al ir estableciendo este nuevo patrón de pensamientos, comportamientos y manera de vivir, te resistirás menos y menos a él, hasta que llegue el momento en que quieras hacer todo lo que estés haciendo. Llegado a ese punto, ya no tendrás que forzarte a hacer algo. Simple y sencillamente, harás lo que consideres correcto. Y cuando no estés seguro de lo que es correcto, pedirás la guía a tu Poder Superior.

Conforme sigas poniendo en práctica el Séptimo Paso y viviendo de acuerdo a los principios que han sido descritos en este capítulo, comenzarás a responder con amor y paciencia; poco a poco, estos empezarán a formar, más y más, parte de tu personalidad. Tus viejas ideas morirán y serán reemplazadas por otras mejores. Eventualmente, se te presentaran cambios revolucionarios en tu vida. Tu relación con tu Poder Superior, contigo mismo y con tus semejantes mejorará.

CAPÍTULO DIECISIETE

Reparando los daños

Un diseño para vivir

Para cuando hayas llegado al Octavo Paso, usando el Libro Grande en la forma en que lo hemos sugerido, ya habrás trabajado mucho en los primeros siete Pasos y grandes cosas habrán comenzado a suceder en tu vida. Al proseguir trabajando los Doce Pasos, pensamos que te darás cuenta de que el Libro Grande y los Doce Pasos son realmente un diseño para vivir. Los Doce Pasos no son un proceso que realizas una sola vez. Son algo que tu llevas contigo, algo que llevas a cabo y algo que practicas día tras día.

También verás que los Doce Pasos se reducen a una cosa: *cambio*; cambio de vida, día tras día. Tienes que realizar cambios constantemente para permanecer libre.

Este diseño para vivir que ofrece el Libro Grande funcionará para cualquier persona que desee usarlo, sin importar las circunstancias que la rodeen. Creemos que esto es así porque todos tenemos un Espíritu, un Poder Superior, habitando dentro de cada uno de nosotros; algunos le llamamos "Dios".

Ahora bien, si este Poder habita dentro de cada uno de nosotros, y si tú, habiendo trabajado minuciosamente los Pasos hasta este punto, estás tan seguro como nosotros de que así es, entonces la pregunta importante en la vida, la mas básica de todas las preguntas, es esta: ¿Vivo en armonía con este Poder o lo estoy haciendo en desarmonía y oposición? Los Pasos, desde el Primero hasta el Séptimo, te han provisto de un camino para llegar a esta armonía y vivir en ella.

Los Pasos del Uno al Tres te relacionan correctamente con tu Poder Superior. En esta relación, tu Poder Superior y no tú, será el director. Los Pasos del Cuatro al Siete te relacionan correctamente contigo mismo. En estos últimos puedes ver cuál ha sido el obstáculo entre tu Poder Superior y tú y estás haciendo algo para eliminar defectos de carácter o deficiencias de tu personalidad.

Ahora ya estás listo para el Octavo y Noveno Pasos, los cuales te dan una oportunidad para vivir en armonía con tus semejantes. Te dan la oportunidad de corregir las cosas con otra gente y de deshacerte del temor, de la culpa, del remordimiento y de la vergüenza que hayas podido sentir en el pasado.

pag. 55
lins.
22-23
pag. 55
lins.
25-27

En el Octavo Paso haces una lista de todas aquellas personas a quienes hayas dañado y estás dispuesto a reparar el daño que les hayas causado. En el Noveno Paso llevas a cabo esta reparación hasta donde sea posible, excepto cuando el hacerlo implique perjuicio para ellos u otros.

Hasta ahora, ya has llegado a un entendimiento con un Poder superior a tí mismo. Si también puedes llegar a un entendimiento con tus semejantes, probablemente empezarás a sentirte muy bien. Asimismo, descubrirás una forma de vida en la cual puedes estar sobrio, en paz, libre y feliz.

Comenzando desde adentro

El asunto de llegar a un entendimiento con los demás es que tienes que empezar desde el fondo de tí mismo. Empezar por lo externo no funciona para la mayoría de los alcohólicos.

Algunos profesionales que tratan alcohólicos y adictos – psiquiátras, psicólogos, etc. – dicen más bien lo opuesto. Dicen, por ejemplo: "Consigamosle a este alcohólico un trabajo, un medio de transporte, una pareja, y esta persona se podrá mantener sobria". Pero, en base a nuestras observaciones y experiencias, este enfoque no funciona muy bien para gente como nosotros.

En el pasado, cuando ambos aún bebíamos, hubieron muchas veces en que, teniendo una pareja, un automóvil y un trabajo, terminabamos borrachos de todos modos.

Otras veces estábamos con nuestra esposa y con auto, pero sin trabajo, entonces, nos íbamos de Donjuanes, traicionábamos a nuestra esposa y acababamos con automóvil, pero sin esposa. Entonces, nos embriagábamos, estrellábamos el auto y terminabamos sin esposa, sin trabajo y sin auto. Luego, nos manteníamos sin beber por algún tiempo y conseguíamos otro trabajo o un nuevo auto, pero tarde o temprano comenzábamos a beber otra vez y perdíamos todo aquello que habíamos conseguido durante nuestro periodo de abstinencia. Nunca pudimos enderezar nada a nuestro alrededor hasta que empezamos a cambiar lo que sucedía dentro de nosotros mismos.

Esto és de lo que se tratan los Doce Pasos: cambiar lo que está sucediendo dentro de tí. Y a través del Octavo y Noveno Pasos puedes empezar a deshacerte de tu temor, de tu culpa, de tu vergüenza y de tus resentimientos, los cuales están asociados con aquellas personas que has enumerado en tus inventarios personales: personas a las que lastimaste, amenazaste o a las que les causaste problemas. Trabajar los Octavo y Noveno Pasos te da la oportunidad de hacer algo respecto a esos daños y problemas que causaste. Pero no puedes abordar estos Pasos hasta no haber trabajado desde el Primero hasta el Séptimo Pasos.

Disposición y valor

El Libro Grande describe el proceso de trabajar estos dos Pasos desde la página 71 hasta la 78, comenzando por el segundo párrafo de la página 71. La primera parte de este párrafo trata sobre el Octavo Paso: haces una lista de personas a las que hayas perjudicado y estás dispuesto a reparar esos daños con cada una de ellas.

pag. 71 lin. 10- pag. 78 lin. 29 pag. 71 lins. 10-22

Este es un Paso muy sencillo. De hecho, ya has hecho la primera mitad de él. Tus inventarios personales contienen una lista de casi todas las personas a las que has perjudicado; entonces, ahora es cuestión de estar dispuesto a reparar los daños con cada una de ellas. Si al cabo de este tiempo, has recordado a otras personas a quienes hayas perjudicado, simplemente agrégalas a tu lista, y analízalas tal como hiciste antes en tus inventarios del Cuarto Paso.

La disposición es la clave del Octavo Paso. Si aún no te

encuentras enteramente dispuesto a reparar los daños, o si piensas que serías incapaz de hacerlo o que te falta el valor para llevarlo a cabo, entonces el Libro Grande, en las líneas 19-22 de la página 71, te dicen exactamente qué hacer: *oras a tu Poder Superior, pidiendo que te otorgue la disposición y el valor, y continúas orando hasta que te llegue la voluntad de hacerlo.*

Ahora, después, quizás y nunca

Es posible que en tu lista existan nombres de personas con quienes sientes que nunca podrías reparar los daños, ni en un millón de años. Piensas: *Jamás lo entenderán.* O quizás las has perjudicado tanto que temes que serían capaces de llamar a la policía si te acercas a ellas demasiado.

Quizás existan algunos con quienes simple y sencillamente no quieres reparar los daños. Te han lastimado terriblemente, y aún sientes ese dolor. No quieres brindarles el placer de oirte admitir que tu también les perjudicaste.

Si dentro de tu cabeza existen algunos de estos pensamientos, te sugerimos lo siguiente: divide la lista de personas a quienes hayas perjudicado en cuatro listas, y coloca cada lista en una hoja por separado. La Primera Lista contendrá los nombres de personas con quienes estás dispuesto a reparar los daños inmediatamente. Nos referiremos a ésta como la Lista de *Ahora.*

■ ■ ■

En la Segunda Lista, incluye los nombres de aquellas personas con quienes sabes que repararás los daños tarde o temprano. Es posible que no te haga muy feliz la idea de reparar los daños con ellas, pero sabes que tiene sentido hacerlo, y que lo harás en un futuro cercano. A esta lista la denominaremos la Lista de *Después.*

■ ■ ■

La tercera es la Lista de *Quizás,* que contendrá a aquellos con quienes piensas que *quizás* serías capaz de reparar los daños, pero no estás seguro de poder hacerlo.

■ ■ ■

La cuarta es la Lista de *Nunca*, que contendrá a aquellos con quienes sientes que nunca podrías reparar los daños, sin importar lo qué suceda.

■ ■ ■

Ordena estas listas, colocando la Primera Lista hacia arriba y la Cuarta Lista hacia abajo.

■ ■ ■

Puedes comenzar por el primer nombre de la Primera Lista: afronta a esta persona y repara los daños con ella; luego, prosigue con la siguiente persona contenida en la lista, y prosigue hasta terminar con toda la Lista de Ahora. Pensamos que después de haber terminado tu Lista de Ahora, estarás preparado para proseguir con tu Lista de Después; entonces, podrás comenzar a reparar los daños con las personas incluidas en la Segunda Lista, comenzando por la primera, hasta llegar a la última.

Después de haber terminado tu Lista de Después, probablemente te encontrarás dispuesto a reparar los daños con todas las personas contenidas en la Lista de Quizás, una por una.

Tenemos la seguridad de que una vez que hayas terminado con tu Lista de Quizás, tendrás el valor y la compasión necesarios para afrontar y reparar los daños con aquellas personas con quienes pensaste que nunca podrías haberlo hecho.

Nosotros no somos los autores de esta estrategia. Nuestros padrinos de Alcohólicos Anónimos nos la proporcionaron cuando se nos pidió hacer el Octavo y Noveno Pasos por primera vez. Al principio, cada uno de nosotros le dijo a su padrino: "De ninguna manera podré reparar los daños con algunas de esas personas". Nuestros padrinos nos sugirieron esta estrategia y nos dijeron: "Mira. Pensamos que si lo haces de esta manera, podrás reparar los daños con cada una de estas personas". La verdad es que tenían toda la razón, en un 100 por ciento.

A muchos les preocupan los Pasos Octavo y Noveno, o tratan de evitarlos por completo porque no están dispuestos a reparar los daños con todos aquellos a quienes han ofendido. Se frenan por completo al toparse con dos o tres nombres difíciles en sus listas.

Sin embargo, el Libro Grande no pide que repares los daños con todo el mundo, simultáneamente. Puede ser un proceso gradual y constante, por el cual reparas los daños con una persona a la vez. El Libro Grande tampoco dice que debas reparar los daños con quienes más odias, ni con aquellos a quienes has ofendido más profundamente. Tienes la libertad para comenzar con los nombres más fáciles de tu lista y gradualmente llegar hasta los mas difíciles. Cada persona con quien repares los daños te dará el valor y la compasión necesarios para proseguir al siguiente nombre de tu lista. Pero si en algún momento careces de valor o de compasión para hacerlo, pide ayuda y guía a tu Poder Superior.

Al ir reparando los daños y al ver los beneficios resultantes, estarás más y más dispuesto a reparar los daños con todos aquellos a quienes hayas ofendido.

Reparando los daños en persona

pag. 72 lin. 10- pag. 78 lin. 29

El Noveno Paso es donde efectivamente reparas los daños. El Libro Grande discute el Noveno Paso en las páginas 72-78, comenzando por la línea 10 de la página 72. El propósito de reparar los daños consiste en ayudar a liberarte del temor, culpa y remordimiento asociados con aquellos a quienes has ofendido a través de los años.

Observa que el Libro Grande no dice: "Repara los daños", simplemente. Pensamos que es muy importante que el Noveno Paso te pide repares los daños *directamente*. Generalmente, esto significa reparar los daños cara a cara.

Hemos visto una y otra vez que la mejor manera de reparar los daños es haciéndolo cara a cara; por lo general, da mejores resultados. El Libro Grande no dice que no puedes escribir una carta o llamar por teléfono a alguien, pero estamos convencidos de que, cuando sea posible hacerlo, debe ser cara a cara.

Hemos escuchado la anécdota de un individuo en A.A. que le preguntó a su padrino si podría reparar los daños por correo. Su padrino le dijo: "Sí, si los ofendiste por correo".

Nunca podrás estar seguro de haber hecho tu mejor esfuerzo en reparar los daños con alguien, a menos de que afrontes a esa persona cara a cara. El Noveno Paso no funciona si lo haces descorazonadamente o usas medidas parciales. Tienes que hacer tu mejor y más sincero esfuerzo; de no hacerlo así, realmente no estarás trabajando el Noveno Paso.

Si le escribes una carta a alguien, o bien, le llamas por teléfono, en tu mente quedará la duda de si podrías estar haciendo un mejor esfuerzo. Quizás en realidad estés tratando de evitar tener que afrontar completa y honestamente a esa persona. Pero si te sientas con ella, cara a cara, no existirá en ti la duda de cómo son recibidos los intentos que hagas para reparar los daños, ya que esa persona se encontrará frente a ti.

Por supuesto que en algunas ocasiones te será imposible encontrarte con alguien cara a cara. Es posible que viva a miles de millas de distancia; o que la única manera de localizarla sea a través de una oficina de correos; o bien, simplemente rehúse a encontrarse contigo. Cuando no pueda llevarse a cabo una reunión en persona con alguien, entonces llámale por teléfono o escríbele una carta.

Pero queremos reiterar que te sorprenderán los resultados que ofrece una reunión en persona. Sucede algo con un contacto cara a cara que provoca que la gente abra las puertas de la compasión, la buena voluntad y el perdón. A menudo ocurre que cuando alguien comienza a trabajar el Noveno Paso y se sienta a reparar los daños con alguien a quien ha ofendido, esa persona le responde: "Sabes, yo he querido reunirme contigo también desde hace mucho tiempo. Yo también te he ofendido y necesito pedirte disculpas por lo que hice". En ocasiones, el resultado es una buena amistad.

Este es uno de los puntos clave del Noveno Paso, una de las cosas que lo hacen ser tan maravilloso: Si acudes a alguien para reparar los daños, pero esa persona no te acepta o no quiere verte (te arroja de su casa o de su oficina, por ejemplo), de todos modos *tú has hecho tu parte*. Has hecho tu mejor esfuerzo por reparar los daños, por lo que *ya no tienes que seguir preocupado por esa persona*. Si alguien no te acepta, ese es su problema, no tuyo. Tú has hecho el intento de enderezar la situación.

Otra cosa maravillosa: Ya no tienes que temer a esa persona. Después de todo, lo peor que ha hecho es rehusar a hablar contigo. Y si ella ha hecho lo peor, pero tú has hecho lo mejor posible, entonces ya no existe razón para tenerle miedo, y el temor que asociabas con ella deberá desaparecer.

Pagando tus deudas

pag. 73
lins.
5-18

Las líneas 5-18 de la página 73 del Libro Grande tratan específicamente sobre pagar a nuestros acreedores. La palabra *directamente* en *reparar directamente* significa "abierta y sinceramente", pero también significa "proporcionada y equitativa". Debes reparar los daños en proporción directa a lo que debes. Si le debes mil dólares a alguien, para reparar los daños con ella necesitas pagarle esos mil dólares, y hasta quizás los interesés; deja que tu conciencia decida eso.

Parte del Noveno Paso implica afrontar a tus acreedores y decirles: "Aquí está lo que te debo, y quiero hacer arreglos para pagar mi deuda contigo".

Muchos alcohólicos no alcanzan a ver cuál es la razón o el motivo por el que deben hacer esto. Pero hay una máxima espiritual que dice que la única manera de liberarse de culpa y remordimiento es haciendo una restitución completa y equitativa. La gente ha creido y seguido esta máxima durante más de dos mil años, y hoy en día es igual de cierta que antes.

A la mayoría de nosotros probablemente nos gustaría esperar a reunir todo el dinero que le debemos a alguien, para llegar en forma grandiosa, poner el montón de billetes sobre la mesa, y decir: "Aquí está todo tu maldito dinero". Pero seamos realistas; no lo harás, y por supuesto, no tienes el dinero para hacerlo inmediatamente después de adquirir sobriedad.

El Libro Grande no dice: "Tienes que pagar cada centavo que debas a todas las personas, en este preciso instante". Probablemente, esto es totalmente imposible. Sin embargo, sí debes estar dispuesto a pagar cada deuda dentro de un tiempo razonable, y debes hablar con esa persona, diciéndole: "Concertemos un arreglo para que pueda pagarte esta deuda". A cada persona dile cuál es tu situación económica y cuánto le puedes pagar: cinco dólares a la semana, quince dólares al mes, o lo que sea. Sé honesto y específico. Si alguien quiere que le pagues cien dólares al mes y sabes que te será imposible hacerlo, debes decírselo sinceramente, y decirle cuánto *te es posible* pagar.

Si le debes dinero a alguien o a alguna institución, cualquiera de ellos preferiría recibir una pequeña cantidad de ese dinero a la semana o al mes que no recibir nada. A veces te sorprenderá que, hablando de esta manera, el acreedor mas despiadado será feliz de concertar este arreglo contigo. Quizás te sorprenda lo bien que te sentirás en cuanto empieces a pagar tus deudas.

Una de las cosas maravillosas de esta parte del Noveno Paso es que no tienes que esperar a haber acabado de pagar todas tus deudas antes de empezar a sentirte mejor. En cuanto empieces a pagar a tus acreedores, el temor y las deudas asociados con ellos desaparecerán. Ya no tendrás que preocuparte por entrar en contacto con ellos, debido a que ya hablaste y llegaste a un arreglo con ellos.

Conocemos a alguien en A.A. que se llama Dan, quien lleva aproximadamente treinta años de sobriedad. Dan mide apenas cinco pies, pero cuando alguno de nosotros le preguntó hace poco que cómo se sentía, respondió: "Me siento como si midiera ocho pies. Es la primera vez en mi vida que no tengo deudas con alguien por haberle robado algo en el pasado". Dan tardó veintinueve años en acabar de pagar sus deudas; pero lo hizo, y se siente orgulloso de haberlo hecho. Creemos que merece sentirse así.

No podemos decirte lo maravilloso que se siente poder caminar por cualquier calle del mundo y no temer toparte con alguien a quien le debes dinero, o que desea desquitarse contigo, o que está enojado contigo o que quiere arrestarte o golpearte.

Así es que, cuando hayas reparado tus daños, te sentirás mejor contigo mismo, con respecto a los demás, y con respecto a tu vida. Pero esa no es la única razón por la que debes reparar los daños. Lo haces porque es correcto hacerlo. Es más, lo haces porque debes hacerlo, ya que es una parte vital de tu programa de recuperación. De hecho, la cuestión no es que quieras o no reparar los daños. La cuestión es: "¿Podría encontrar paz mental y felicidad y mantenerme sobrio si no reparara los daños?" Creemos firmemente que la respuesta sería que no podrías hacerlo. El Libro Grande dice esto de una manera un poco diferente en las líneas 15-18 de la página 73. Dice concretamente que tenemos que perder el miedo a los acreedores si queremos mantenernos alejados del alcohol. No dice: "Sería buena idea que perdamos el miedo a los acreedores" o "En realidad deberías de perder el miedo a los acreedores". El Libro Grande dice que *tenemos que perder este miedo para estar seguros de mantenernos sobrios.*

Cuando no reparar los daños

Ahora echemos un vistazo a la línea 35 de la página 77, hasta la línea 8 de la página 78. Este es un párrafo importante y se refiere a la parte del Noveno Paso que dice que debes reparar directamente a cuantos te sea posible el daño causado, *excepto cuando el hacerlo implique perjuicio para ellos o para otros.*

La verdad es que existen ocasiones en que no podrás reparar los daños. Quizás las personas con quienes deberías de reparar los daños hayan fallecido. En otros casos, el tratar de enderezar la situación tan solo provocará más perjuicio a las personas que ya has perjudicado anteriormente. Entonces, tendrías que reparar el daño ocasionado por haber intentado reparar el daño anterior. Ninguno de nosotros tiene el derecho de limpiar nuestra propia conciencia a expensas de otra persona. Si reparar el daño con ciertas personas tan sólo les perjudicaría o causaría aún más daño que beneficio entonces no lo hagas. Admite ante tí y ante tu Poder Superior la naturaleza exacta de tus daños a esas personas, y déjalas en paz.

El Libro Grande explica, desde la línea 35 de la página 77 hasta la línea 8 de la página 78, que puede haber ciertos agravios que nunca puedan repararse completamente. En algunos casos puede haber una razón válida para posponer o evitar estas reparaciones. Sin embargo, *lo importante es que estés sinceramente dispuesto a reparar esos daños ahora mismo, aun cuando no te sea posible hacerlo.* Necesitas decir: "Si pudiera hacerlo, enderezaría las cosas". Si puedes decir esto honestamente, entonces has hecho tu parte y tu mejor esfuerzo, y ya no tienes que preocuparte por la situación ni temer a esa persona.

Afrontar a quienes te hayan rechazado

Pensamos que cuando repares los daños, te sorprenderá descubrir la cantidad de personas que te permitírán entrar y hablar con ellas, y creemos que estarás complacido y maravillado al ver cuántas de ellas te aceptarán, así como a tus enmiendas. Algunas de ellas se comportarán en forma amistosa. Si afrontas a las personas honesta y humildemente, la mayoría responderá con aceptación y hasta con buena voluntad.

Sin embargo, algunos no lo harán, y otros cuantos jamás lo harán. Algunos te arrojarán de sus oficinas o de sus casas y se rehusarán a tener algo que ver contigo. Es importante que comprendas que *éste es su problema, no tuyo.*

Quizás sientas la tentación de afrontar a quienes te hayan rechazado, para implorar que te perdonen. Pero no necesitas hacer esto; de hecho, *no debes hacerlo.* El Libro Grande explica ésto en forma muy clara. En las líneas 5-8 de la página 78, dice que debemos ser considerados y humildes, no serviles o rastreros. Si alguien no acepta tus reparaciones, simplemente piensa: "He hecho mi mejor esfuerzo; ahora, puedo seguir adelante". Y ya no tienes que preocuparte ni temer a esa persona.

pag. 78
lins. 5-8

Alguien a quien no debes olvidar al reparar los daños

A tí mismo. Y lo mejor que puedes hacer para reparar los daños contigo mismo es deshaciéndote del temor, culpa, remordimiento y vergüenza asociados con tu pasado. Puedes reparar los daños contigo mismo al trabajar el Noveno Paso de manera completa y sincera, siguiendo con esmero los siguientes Pasos.

Las promesas del Libro Grande

Antes de seguir al Décimo Paso, queremos que revises lo que has hecho desde el Primero hasta el Noveno Pasos. Nos gustaría que comenzaras a hacer ésto, leyendo un

pag. 78
lins.
9-25

pasaje contenido en el Libro Grande. Éste pasaje se encuentra en las líneas 9-25 de la página 78. Es una lista de promesas que el programa de Doce Pasos, la comunidad de A.A. y Bill W. te hacen. Por favor leelas ahora.

■ ■ ■

Creemos que estas promesas se cumplen al relacionarte mejor con tu Poder Superior del Primero al Tercer Pasos, al relacionarte mejor contigo mismo del Cuarto al Séptimo Pasos, y relacionarte mejor con tus semejantes del Octavo al Noveno Pasos. Del Primero al Noveno Pasos son un diseño para vivir que realmente funciona. *Si has trabajado los primeros nueve Pasos completa y sinceramente, entonces cada una de esas promesas se cumplirá.* Se realizarán como resultado de tu dedicación, de tu trabajo esmerado y del amor de tu Poder Superior. Estas promesas nunca fallan. Siempre se cumplirán si trabajas por ellas; no a veces, ni la mayor parte del tiempo: siempre. El Libro Grande garantiza esto en las líneas 28-29 de la página 78. Nosotros también lo garantizamos.

pag. 78
lins.
28-29

CAPÍTULO DIECIOCHO

La dimensión espiritual

Todo en nuestro universo está creciendo o muriendo. Algo está avanzando, o bien, retrocediendo. Nunca nada permanece igual. La mayoría de nosotros podemos observar cómo crece un jóven árbol cerca de nuestra casa. Éste crecerá año tras año, tornándose más hermoso cada vez, hasta que un día deja de crecer y ese día, comienza a morir. Eventualmente el árbol muere y se convierte en polvo y tierra, regresando a su origen. Trabajando desde el Primero hasta el Noveno Pasos, ya has conseguido transformar tu vida. Pero si tratas de mantenerte donde estás, sin continuar creciendo, comenzarás a morir – no físicamente, sino emocional y espiritualmente. Al cabo de un tiempo, resbalarás hacia atrás y empezarás de nuevo a tener problemas con la gente. Ésto causará conflictos en tu mente, y tanto los resentimientos como los temores comenzarán a aparecer de nuevo. Estos resentimientos y temores empezarán a aislarte de tu Poder Superior, y eventualmente podrás comenzar a decirte a tí mismo que ya puedes volver a beber o a usar sin peligro, lo cual, si no es contrarrestado, con certeza te traerá también la muerte física.

Así pues, necesitas encontrar la forma de seguir creciendo. Los tres últimos de los Doce Pasos están diseñados para ayudarte a continuar tu crecimiento espiritual.

Toda una vida de crecimiento espiritual

Desde la línea 32 de la página 23 hasta la línea 8 de la página 24 del Libro Grande, Bill W. menciona "una cuarta

pag. 23 lin. 32- pag. 24 lin. 8

157

dimensión de la existencia" que él, junto con los otros primeros miembros de Alcohólicos Anónimos, descubrieron a través de sus experiencias espirituales. Una vez que hayas trabajado desde el Primer hasta el Noveno Pasos, te habrás recuperado en las primeras tres dimensiones de la vida – espiritual, mental y física. Ahora ya puedes también comenzar a vivir en esta cuarta dimensión, si continúas practicando el programa de Doce Pasos. La mayoría de nosotros jamás la había experimentado; ni siquiera habíamos pensado en la existencia de tal dimensión. Antes de que cualquiera de nosotros dos dejara de beber, jamás la hubiéramos siquiera imaginado. No sabíamos que se puede vivir sin estar furioso. No sabíamos que se puede vivir sin sentir temor. Y no sabíamos que se puede vivir sin herir a los demás. En cambio ahora, no sólo vemos claramente esta dimensión, sino que vivimos en ella. Y el resultado es indescriptiblemente maravilloso. Tendrás que sentirlo y experimentarlo para saber lo que ésto es. Nosotros ya lo hemos sentido, conocido y experimentado y queremos que a tí también te suceda.

Trabajar desde el Décimo Paso hasta el Paso Doce te permitirá tener tal experiencia.

Algunos dicen que los últimos tres Pasos del programa de Doce Pasos son "Pasos de mantenimiento". Esto significa que el Décimo y Undécimo Pasos, así como el Paso Doce, evitan que resbales hacia viejas y destructivas maneras de pensar, de actuar y de vivir. Estamos de acuerdo en que éste es uno de los propósitos de los tres últimos Pasos – pero no estamos de acuerdo con el término "Pasos de mantenimiento". No pensamos que puedas simple y sencillamente mantener algo. Tienes que crecer, o bien, retroceder.

Los Pasos Décimo, Undécimo y Doce te ayudarán a seguir creciendo espiritual y emocionalmente. Claro, te ayudarán a evitar que resbales hacia atrás – pero también te ayudarán a continuar hacia adelante. Y tú podrás usarlos para avanzar y para crecer por el resto de tu vida.

pag. 78
lin. 30-
pag. 80
lin. 1

Demos un vistazo a la descripción que el Libro Grande hace del Décimo Paso, que va de la línea 30 de la página 78 hasta la línea 1 de la página 80.

En el Décimo Paso, continúas tomando tu inventario

personal y admites prontamente tus errores, al irlos reconociendo. También sigues creciendo con efectividad, en comprensión y en espíritu. Tú no trabajas el Décimo Paso por un día, una semana o diez años. Lo haces por el resto de tu vida. Trabajar el Décimo Paso significa trabajar continuadamente del Paso Cuarto al Noveno, en forma diaria.

Hemos notado que algunas personas minimizan el Décimo Paso y tratan de acortarlo o simplificarlo. Piensan que éste sólo significa que si has lastimado a alguien durante el día, deberás reparar el daño y listo. Pero el Libro Grande muestra que el Décimo Paso quiere decir mucho más que eso. El Décimo Paso envuelve el total de los seis Pasos inmediatamente anteriores (del Cuarto al Noveno Pasos) – y ésto significa no solamente reparar daños, sino vivir una vida del Espíritu.

De acuerdo con el Libro Grande, el Décimo Paso quiere decir continuar la vigilancia sobre el egoísmo, la deshonestidad, el resentimiento y el temor (Cuarto Paso). pag. 79 lins. 1-4 Cuando éstos reaparecen, le pedimos a Dios que nos libre de ellos (Sexto y Séptimo Pasos), los analizamos inmediatamente con alguien (Octavo y Noveno Pasos). Y debes preguntar diariamente a tu Poder Superior cuál es la mejor pag. 79 lins. 31-34 forma de llevar a cabo Su voluntad – y no la tuya. Según dice el Libro Grande en la línea 1 de la página 80, éste es el pag. 80 lin. 1 uso adecuado de la voluntad.

El regreso al sano juicio

Todo ésto comprende algo mucho más grande que el sólo admitir que te has equivocado y luego reparar los daños. Todo ésto significa evolucionar dentro de una cuarta dimensión de vida, la dimensión del Espíritu. Quizá, más que nada, ésto significa salud mental, ya que para este momento, habiendo trabajado del Primero al Décimo Pasos tu salud mental habrá retornado. Ya no tendrás interés en beber alcohol o en practicar tus otras adicciones.

Al continuar practicando el Décimo Paso en tu vida, verás a tus defectos volverse más y más pequeños. Tu relación con Dios, como a El lo concibas, será mejor y mejor.

Y así será tu relación con tus congeneres y contigo mismo. Y por fin habrás asumido la responsabilidad de tu propio comportamiento.

Como resultado de trabajar los Doce Pasos, nosotros sabemos ahora, que somos responsables por lo que decimos o hacemos y por la forma en que sentimos. Antes de empezar a trabajar los Pasos, especialmente el Décimo, nosotros no sabíamos ésto – tan sólo reaccionábamos ante las cosas y ante las gentes. Hoy en día, sabemos cómo detenernos de reccionar meramente. Sabemos cómo detenernos de culpar a los demás.

Hoy en día, si alguno de nosotros se complica la vida, esto es nuestra culpa y no la de alguien más. De vez en cuando, alguno de nosotros escogerá embrollarse, o llenarse de ira y temor, pero cuando eso sucede sabemos exactamente que lo estamos haciendo y que lo estamos haciendo por elección. Esto, por supuesto, le quita lo divertido y al poco tiempo regresamos a nuestro punto estable.

Aún más promesas

En el último capítulo hemos señalado las promesas que el Libro Grande hace en el segundo párrafo de la página 78, y hemos también explicado cómo es que esas promesas se realizarán siempre y cuando trabajes para lograrlo.

pag. 79
lins.
10-25

Pues bien, tan sólo tres párrafos después, comenzando en la línea 10 de la página 79, el Libro Grande hace otras cuantas promesas. En tanto te mantengas en buena condición espiritual y sigas trabajando el Décimo Paso en forma regular y concienzuda, cada una de esas promesas se realizarán también. Así lo ha sido para nosotros.

Cuando empezabamos a recuperarnos y a trabajar los Doce Pasos, algo extraño sucedió. Seguíamos cuidadosamente el Libro Grande y trabajabamos los Pasos lo mejor que podíamos, cuando en algún punto, entre las páginas 42 y 80 nuestra obsesión por beber desapareció. Nosotros creemos que nuestro Poder Superior nos liberó de esa urgencia y de esa obsesión.

Anteriormente hemos dicho que, para poder recuperarte, necesitas hallar un Poder Superior a tí mismo que pueda solucionar tu problema de alcohol o de otras drogas—no que te ayude a solucionar ni que te habilite para resolverlo, sino que *solucione* tu problema. En algún punto, mientras trabajabamos los Doce Pasos, nuestro Poder Superior solucionó nuestro problema al removerlo de nuestras mentes. Nuestra obsesión por el alcohol cesó. Nuestro sano juicio había retornado. Sólo un Poder Superior a nosotros mismos pudo remover nuestra obsesión por el alcohol. Si hubiéramos tenido que combatir esa obsesión diariamente hubiéramos terminado por hacer exactamente lo que solíamos hacer hace veintitantos años: emborracharnos.

Pero, gracias a Dios no tenemos que luchar contra esa obsesión, ya que un Poder Superior la ha removido de nosotros y la ha reemplazado con algo mucho mejor de lo que jamás fue el alcohol.

Éste es el verdadero milagro que este programa nos ha dado en el Libro Grande, *Alcohólicos Anónimos*.

CAPÍTULO DIECINUEVE

Oración y meditación

Después de haber trabajado el Décimo Paso por algún tiempo, y de que todas las promesas del Libro Grande se hayan realizado en tu vida, podrías pensar para tus adentros: *No hay forma de que las cosas pudieran alguna vez estar mejor que ahora.* Si te descuidas, realmente llegarás a creer ésto y dejarás de crecer espiritualmente. El hecho es que las cosas pueden y van a mejorar aún más— siempre y cuando sigas esforzándote y continúes trabajando el programa de Doce Pasos.

Nos fascinan las páginas 78-80 del Libro Grande. Si tú eres como la mayoría de los alcohólicos y adictos, para cuando tomaste en tus manos el Libro Grande, el alcohol o tus otras adicciones y tu obsesión relacionada con ellos, ya hacía tiempo se habían llevado tu sano juicio. Entonces, al trabajar el Tercer Paso, tomaste la decisión de rendir tu voluntad. Si trabajas el programa sincera y minuciosamente, para cuando llegues a la página 79 ya habrás recobrado el sano juicio. Y entonces, en esa misma página, así como en la siguiente, también recobrarás tu voluntad. pag. 78 lin. 30- pag. 80 lin. 9

pag. 79 lins. 10-11 pag. 79 lin. 31- pag. 80 lin. 1

Ahora que ya tienes de nuevo tu voluntad y tu sano juicio, no puedes detenerte en el Décimo Paso. Si en cada ser humano se aloja un Poder Superior que posee todo el poder y toda la sabiduría, es razonable creer que dentro de cada uno de nosotros existen todo el poder y toda la sabiduría que habremos de necesitar para manejar cualquier situación. Si sabes la forma de hacer contacto con la sabiduría y el poder de Dios, tal como tú Lo concibes, entonces podrás enfrentarte a cualquier serie de circunstancias que se te presenten.

Resulta que no hay una, sino dos formas de hacer contacto con esta sabiduría y este poder: a través de la oración y a través de la meditación.

Al leer sobre la importancia de la oración y la meditación, muchos se quedan en blanco al principio, o bien responden con un gran signo de interrogación. O quizá recuerden la oración que empleaban una y otra vez cuando bebían o usaban: "¡Dios, sácame de este maldito lío y te juro que nunca lo volveré a hacer!" Esta es la oración típica del alcohólico. De hecho, éste era más o menos el tamaño de nuestra vida de oración antes de llegar a Alcohólicos Anónimos. En cuanto a meditación, no sabíamos nada de nada.

Antes de empezar a trabajar los Doce Pasos, nunca usábamos la oración como un medio para recibir la voluntad de Dios en nuestras vidas. Jamás se nos ocurrió siquiera querer recibir esa voluntad para llevarla a cabo. Nuestra idea de orar era acercarnos a Dios con nuestra lista de miserables peticiones. Pedíamos ésto o aquello, tratando de amoldar la voluntad de Dios a la nuestra.

Ésta no era una vida de oración muy sana y como consecuencia, tuvimos muchos problemas con la oración al llegar a A.A. Hacíamos preguntas tales como: "¿Y cómo sabe mi Poder Superior lo que yo quiero?" Aprendimos que a nuestro Poder Superior no le interesa lo que queremos, pero que ese Poder sabe exactamente lo que cada uno de nosotros necesita. Y en los veintitantos años, desde que empezamos a trabajar los Doce Pasos, este Poder nos ha dado mucho más de lo que jamás hubiéramos podido imaginar.

Si en ese entonces hubiéramos hecho la lista de nuestras miserables peticiones y si se nos hubieran concedido todas y cada una de ellas, no podrían ni en sueños compararse con lo que nuestro Poder Superior nos ha dado en la realidad. Aprendimos que no necesitamos darle a este Poder una lista de nuestras miserables peticiones; que todo lo que necesitamos hacer es rogar por la voluntad y dirección de nuestro Poder Superior.

pag. 55 lin. 34- pag. 56 lin. 2 Y ésto es precisamente de lo que se trata el Undécimo Paso. Nos dice que busquemos, a través de la oración y la meditación, mejorar nuestro contacto consciente con Dios, tal como a Dios lo concibamos, pidiendo sólo por el conocimiento de Su voluntad y por el poder para llevar a cabo esa voluntad.

El plan de oración del libro grande

Para alguien que no ha tenido mucha experiencia con la oración y ninguna con la meditación, esto puede parecer bastante difícil de entender y más aún, de ponerlo en práctica en un principio. Entonces, veamos lo que el Libro Grande tiene que decir acerca de la oración y la meditación.

Las instrucciones para trabajar el Undécimo Paso comienzan en la línea 10 de la página 80 y continúan hasta la línea 16 de la página 82. Ahora es un buen momento para releer esas páginas, para que estén frescas en nuestra memoria cuando hablemos de ellas.

pag. 80
lin. 10-
pag. 82
lin. 16

■ ■ ■

Debemos recordar que estas páginas fueron escritas por un hombre que no era un gigante espiritual; no era ministro religioso, ni filósofo, ni experto en religiones, sino un alcohólico, un corredor y especulador de bolsa que se había mantenido sobrio tres años y medio. Y allí estaba, luchando con una abrumadora responsabilidad, mientras intentaba escribir algo para sus compañeros alcohólicos, muchos de los cuales llevaban años de bancarrota espiritual.

Así pues, Bill W. no era un experto en oración ni en meditación y, de hecho, nos alegramos de que no lo haya sido. Muchos teólogos y otros expertos hablan por encima de la comprensión de la gente y especialmente de aquellos que han estado quebrados espiritualmente. Pero Bill W. no lo hace así. El llega a lo básico y escribe en forma simple y directa.

Estas son algunas de las mas sorprendentes páginas que nos da el Libro Grande. Existen cientos de libros sobre oración y probablemente otros tantos sobre meditación, pero este hombre, este sencillo corredor de bolsa, no escribe un libro, ni siquiera un capítulo completo, sino algo menos de tres páginas sobre oración y meditación y, en esas cuantas páginas, despliega un plan completo que ha capacitado a millones de gentes para llevar una vida espiritual.

Lo hace de una manera artística, muy bella. Bill W. era un vendedor, y lo hacía muy bien. Ya que sabía muy poco en lo que se refiere a la meditación y a la oración, no trató de ensenarñóslas, gracias a Dios. Mas bien, nos dió unas sugerencias muy valiosas, así como un plan de acción diaria. Ahora nos gustaría estudiar estas páginas contigo para ver cómo funciona ese plan.

Aprendiendo a orar y a meditar

Ya hemos señalado que si aprendes a orar y a meditar en forma correcta, podrás hacer contacto con todo el poder y la sabiduría que emanan de un Poder Superior. Esta sabiduría y este poder pueden ser la fuente interna de tu fuerza, y con esa fuerza puedes introducirte a otra dimensión de vida – llamada la cuarta dimensión en el Libro Grande – y operar dependiendo de la voluntad y el poder de Dios y no de los tuyos propios.

El Libro Grande no te enseña cómo orar o meditar. Mas bien, te da una forma de enseñarte a tí mismo. Si puedes practicar las sugerencias y ejercicios diarios del Libro Grande (descritos en las páginas 80-82) día tras día, entonces un día, en el futuro, te habrás enseñado a tí mismo lo que es la oración y la meditación.

pag. 80
lin. 16-
pag. 82
lin. 16

La primera sugerencia, que empieza en la línea 16 de la página 80, trata de lo que puedes hacer por la noche, antes de dormir. El párrafo inmediato cubre lo que hay que hacer cuando despiertes. El siguiente párrafo cubre lo que puedes hacer cuando te enfrentes a la indecisión. Los párrafos restantes, desde la página 81 hasta la página 82, nos indican cómo y por qué pedir, y nos ofrecen algunas otras sugerencias y consejos prácticos.

Si usas las sugerencias de esas tres páginas en tu vida para orar y meditar diariamente, en poco tiempo podrás ver la dirección de un Poder Superior en tí y eventualmente desarrollarás un sexto sentido para reconocer esa dirección en tu vida.

Esto puede sonar idealista y místico, pero es absolutamente exacto. De hecho, *nunca hemos sabido que estas sugerencias para orar y meditar fallen en alguien que las aplique sinceramente.*

166

Aprendiendo a llegar al pensamiento, a la respuesta y a la decisión correctos

Nos gustaría compartir contigo algunas de las cosas que nos han sucedido a través de los años, como resultado de seguir las sugerencias del Libro Grande respecto a la oración y la meditación.

Aprendimos a soltar, a relajar y a tomarlo con calma. Aprendimos a poner todo al cuidado de nuestro Poder Superior.

Aprendimos que este Poder posee todo el conocimiento y todo el poder, y como mil respuestas para cada pregunta que cualquiera de nosotros pudiera plantear. Y cuando tenemos una pregunta que necesita respuesta o un problema que necesita solución, simplemente lo ponemos al cuidado de este Poder y nos relajamos. No tenemos que salir con una respuesta inmediata por nuestra propia cuenta. Nos relajamos, lo tomamos con calma y al poco tiempo la respuesta correcta nos llegará. Algunas veces nos viene de adentro. Otras, la encontramos en otras personas, pero esa respuesta – la correcta – siempre llega.

Somos más reflexivos de lo que solíamos ser. Nos damos cuenta de que nuestro Poder Superior habla a través de otra gente. De hecho, nuestro Poder Superior habla a través de toda la gente.

Cuando recién llegamos a A.A., sólo le prestábamos atención a ciertas personas. Hoy nos damos cuenta de que nuestro Poder Superior no habla solamente a través de "los más listos" o "los más exitosos". Tratamos de ser abiertos y escuchar a todo el mundo.

Hemos mencionado que aprendimos a relajarnos y a tomarlo con calma. Esto no significa que nos acostamos a vaciar nuestra mente de todo pensamiento. Lo que queremos decir es que pedimos de nuestro Poder Superior el pensamiento, la respuesta o la decisión correctos. Entonces seguimos con lo nuestro y ésto libera a nuestras mentes de tener que salir con esa respuesta, pensamiento o decisión correctos por sí solas. Ésto también nos permite enfocarnos en otras cosas, y al mismo tiempo da la oportunidad a nuestro Poder Superior de contestarnos, ya que ahora nuestras mentes están ocupadas con otras ideas en vez de estar enteramente fijadas en tal pregunta o tal problema. En vez de forcejear con algo, entorpeciendo en el proceso todas las frecuencias externas, dejamos de luchar y permitimos que nuestro Poder Superior nos conteste. Es sorprendente para nosotros la forma en que ésto funciona. Y realmente funciona. Si concentras tu mente en otro punto, la respuesta, pensamiento o decisión correctos llegarán más tarde. Pero mientras estés forcejeando por llegar a la respuesta tú solo, tu Poder Superior no podrá entrar en tu cabeza, ya que tú la tienes completamente llena, tratando de conseguir esa respuesta por tí mismo.

Aprendiendo a emplear la inspiración

Queremos también mencionar la inspiración y las "latidas". Todos hemos tenido "latidas", y todos sabemos que no podemos regir nuestra vida por ellas, ya que aparentemente llegan en forma esporádica y sólo cuando quieren.

pag. 80
lin. 16-
pag. 82
lin. 16

Aunque no puedas controlarlas, la inspiración y las "latidas" podrán volverse partes operantes de tu mente si sigues las sugerencias contenidas en las páginas 80-82 del Libro Grande. Y al practicar la oración y la meditación en tu vida diaria, la inspiración se volverá más y más una parte natural de tu pensar.

Puede que algo de lo que hemos hablado en este capítulo sea difícil de hacer, especialmente al principio. Las sugerencias del Libro Grande, tocante a oración y meditación, tomarán mucha práctica de tu parte – interminable práctica – para que llegues a familiarizarte y a sentirte cómodo con ellas. Pero puedes lograrlo. Nosotros nos las hemos ingeniado para lograrlo, a pesar de haber sido el par de alcohólicos más lastimosos que jamás hayas visto.

Un día estuvimos completamente perdidos en la vida. Ahora, sin embargo, nos damos cuenta de que lo único que necesitamos hoy, mañana y el día después son las indicaciones de un Poder Superior y el poder para llevarlas a cabo. Esto es, sobre todo, lo que nosotros hemos aprendido del Undécimo Paso.

CAPÍTULO VEINTE

Una visión del despertar

Hemos llegado al Paso Doce, al Capítulo 7 del Libro Grande y al último capítulo de este libro. Cuando hayas trabajado diligentemente el programa, tal como lo hemos descrito aquí, ya habrás recorrido con éxito los primeros once Pasos y la promesa más grande del Libro Grande se habrá cumplido en tu vida: Habrás obtenido un despertar espiritual.

El Paso Doce empieza con estas palabras: "Habiendo pag. 56
obtenido un despertar espiritual . . ." Esto es declarado, lin. 3
no como una esperanza o como un deseo, sino *como un hecho*. El Paso Doce empieza prometiéndote que, si aplicas a tu vida los once Pasos anteriores y si usas el juego de sencillos instrumentos espirituales que el Libro Grande provee, tú tendrás un despertar espiritual. No que "podrías tenerlo" ni que "deberías tenerlo" ni que "probablemente lo tendrás"—sino que *lo tendrás*.

Características de un despertar espiritual

¿Qué es con exactitud un despertar espiritual? De acuerdo con el Apéndice II del Libro Grande, es un cambio pag. 268
de personalidad necesario para dar lugar a la recuperación lin. 3
del alcoholismo.

En su libro *Doce Pasos y Doce Tradiciones*, Bill W. dice que hay tantas clases de despertares espirituales como gente en Alcohólicos Anónimos, pero que todos los despertares tienen ciertas cosas en común.

Primero, puedes ver y sentir cosas que no podías ver ni sentir antes. Por ejemplo, hoy en día, nosotros dos sentimos amor por nuestros semejantes. Antes de empezar a trabajar los Doce Pasos, no sabíamos lo que era el amor. Teníamos hechos una revoltura al sexo, al amor, a la atracción y a la costumbre. Hoy entendemos lo que es el amor: es compasión, paciencia, tolerancia, buena voluntad y comprensión. Amor es querer que otros tengan lo que tú tienes.

Una vez que hayas obtenido un despertar espiritual, sabrás cosas que antes nunca supiste. El día de hoy, ambos sabemos que nuestro Poder Superior es bueno y amoroso, y que este Poder se yergue listo para ayudar a cualquier ser humano en cualquier parte del mundo. Todo lo que cualquiera tiene que hacer es estar dispuesto a quitar de en medio la voluntad propia y volverse hacia Dios, tal como cada quién Lo conciba, en busca del conocimiento y del poder. Antes, lo que nosotros dos conocíamos de Dios eran los fuegos sulfurosos del infierno.

Después de haber obtenido un despertar espiritual, podrás hacer cosas que nunca antes pudiste hacer. Podrás vivir y convivir con tus semejantes. Podrás relacionarte con ellos como tus iguales, sin resentimiento, sin miedo, sin culpa, sin remordimiento. Podrás vivir tu vida con serenidad y con paz mental, en vez de inquietud, irritabilidad y descontento. Y lo más importante: podrás mantenerte sobrio. Como resultado de los Doce Pasos y del amor de nuestro Poder Superior, nosotros hemos podido hacer todo eso por muchos años.

Así es que, de acuerdo con el criterio del Libro Grande, ambos hemos obtenido con certeza un despertar espiritual. Cuando hayas trabajado sincera y completamente los primeros once Pasos, asimismo y sin duda, tú obtendrás tal despertar.

Compartiendo tu recuperación con otros

¿Qué se supone que debes hacer cuando has tenido un despertar espiritual? El Libro Grande responde a esta pregunta en el Paso Doce, que dice:

> Habiendo obtenido un despertar espiritual como resultado de estos pasos, tratamos de llevar este mensaje a otros alcohólicos y de practicar estos principios en todos nuestros asuntos.

¿Cuál es este mensaje que debes llevar al alcohólico u otro adicto que aún sufre? *Que tú has obtenido un despertar espiritual como resultado de trabajar los Doce Pasos.* Éste es el único mensaje real que tenemos para ofrecer a cualquiera. Es el mensaje central del libro que estás leyendo en este momento.

¿Por qué debes tú llevar este mensaje a otros alcohólicos u otros adictos? Porque tú eres un experto en la enfermedad de la cuál te estás recuperando. Nadie sabe realmente como es ser un alcohólico, excepto un alcohólico. Nadie sabe más acerca de la recuperación del alcoholismo que un alcohólico en recuperación. Y un alcohólico en recuperación tiene un mensaje más fuerte de esperanza para llevar a otros alcohólicos que nadie más. Ésto mismo está siendo comprobado por aquellos que están recuperándose de otras adicciones y viviendo este programa.

De hecho, todo aquello que tú eres y que tú haces como una persona en recuperación, puede llevar luz y esperanza y hasta quizá recuperación a otro alcohólico o adicto que aún bebe o que aún está activo en su adicción. Nuestro Poder Superior (nosotros le llamamos Dios) siempre ha trabajado con la gente, a través de otra gente. Dios rara vez habla con alguien cara a cara, en forma individual. Lo que Dios usualmente hace es trabajar *a través* de la gente. Nosotros llevamos el mensaje que Dios quiere sea llevado a otros alcohólicos. Haciendo esto, tenemos la oportunidad de evitar la muerte por alcoholismo en incontables personas.

El Capítulo 7 del Libro Grande, "Trabajando con los Demás", te dice exactamente cómo llevar este mensaje a otras personas y te da instrucciones claras y específicas sobre qué hacer y qué no hacer. Cuando leas y releas el Capítulo 7, esperamos que tomes en serio lo que ahí se dice y que lleves a cabo sus instrucciones y sugerencias.

■ ■ ■

La parte final del Paso Doce es: "*practicar estos principios en todos nuestros asuntos*". Creemos que "estos principios" no son otra cosa que los Doce Pasos. En las líneas 12-13 de la página 56 del Libro Grande, se nos dice: "Los principios

pag. 56
lins.
12-13

que hemos establecido son guías para nuestro curso". Si revisamos las páginas 55 y 56 para ver qué es lo que "se ha establecido", encontraremos los Doce Pasos.

Unas últimas palabras

Para terminar, nos gustaría dejarte con unas cuantas reflexiones sobre los Doce Pasos. Primero, mantén en mente que nadie, literalmente nadie, ha sido capaz de mantener un perfecto y constante apego a los Doce Pasos y a los principios espirituales presentados en el Libro Grande. Todos somos seres humanos imperfectos y a veces fracasamos, o no llegamos del todo a nuestras metas. Bill W. sabía esto y, en forma específica, en el Libro Grande nos insta a no descorazonarnos. Los Doce Pasos son para guiarnos y no para exigirnos una perfecta obediencia, al cien por ciento.

pag. 56
lin. 8

Si pudiésemos practicar los Doce Pasos en todos nuestros actos, a toda hora y en cualquier lugar, podríamos tener serenidad, felicidad y paz mental veinticuatro horas al día. Practicarlos todo el tiempo es probablemente imposible, pero esta es una meta por la que vale la pena luchar.

Buscamos un progreso espiritual, más no una perfección espiritual. No somos perfectos, no llegaremos a serlo y no deberíamos esperar esto de nosotros mismos. Lo que cuenta es la honestidad, la sinceridad, el esfuerzo y una genuina disposición al cambio.

Todo esto depende realmente de tí. Cuando sigues al máximo de tu capacidad el programa de recuperación tal como se te ofrece en el Libro Grande, cuentas ya con todas las herramientas necesarias y sabes ya cómo practicarlas y qué hacer con ellas. Nadie más puede practicar estos principios en tu lugar. Tú tienes que hacerlo, por tí mismo.

El Libro Grande dice que lo que ofrece son sólo sugerencias. Nos damos cuenta de que cada uno de nosotros sabe tan sólo un poco. Tu Poder Superior constantemente te irá revelando más, a medida que continúes practicando los Doce Pasos.

Abandónate a Dios, tal como a Él lo concibas. Ésto lo haces en el Primer, Segundo y Tercer Pasos. Admite tus faltas ante Dios y ante tus semejantes. Esto lo haces en el Cuarto, Quinto, Sexto y Séptimo Pasos. Desházte del lastre de tu pasado. Esto lo haces en el Octavo y Noveno Pasos. Da libremente lo que obtienes. Esto lo haces en el Décimo y Undécimo Pasos, así como en el Paso Doce.

Únete a nosotros.

Habremos de estar contigo en la fraternidad del espíritu. Dios te guarde y te bendiga.

Los doce pasos de Alcohólicos Anónimos*

1. Admitimos que éramos impotentes ante el alcohol, que nuestras vidas se habían vuelto ingobernables.
2. Llegamos al convencimiento de que un Poder Superior podría devolvernos el sano juicio.
3. Decidimos poner nuestras voluntades y nuestras vidas al cuidado de Dios, como nosotros lo concebimos.
4. Sin temor, hicimos un minucioso inventario moral de nosotros mismos.
5. Admitimos ante Dios, ante nosotros mismos, y ante otro ser humano, la naturaleza exacta de nuestros defectos.
6. Estuvimos enteramente dispuestos a dejar que Dios nos liberase de todos estos defectos de carácter.
7. Humildemente le pedimos que nos liberase de nuestros defectos.
8. Hicimos una lista de todas aquellas personas a quienes habíamos ofendido y estuvimos dispuestos a reparar el daño que les causamos.
9. Reparamos directamente a cuantos nos fue posible, el daño causado, excepto cuando el hacerlo implicaba perjuicio para ellos o para otros.
10. Continuamos haciendo nuestro inventario personal y cuando nos equivocábamos lo admitíamos inmediatamente.
11. Buscamos, a través de la oración y la meditación, mejorar nuestro contacto consciente con Dios, como nosotros lo concebimos, pidiéndole solamente que nos dejase conocer su voluntad para con nosotros y nos diese la fortaleza para cumplirla.
12. Habiendo obtenido un despertar espiritual como resultado de estos pasos, tratamos de llevar este mensaje a otros alcohólicos y de practicar estos principios en todos nuestros asuntos.

---

*Los Doce Pasos de A.A. fueron tomados del libro *Alcohólicos Anónimos*, versión en español de la tercera edición del original en inglés, publicado por A.A. World Services, Inc., New York, N.Y., páginas 55-56. Reimpresos con el permiso de A.A. World Services, Inc.

Las doce Tradiciones de Alcohólicos Anónimos*

1. Nuestro bienestar común debe tener la preferencia; la recuperación personal depende de la unidad de A.A.

2. Para el propósito de nuestro grupo sólo existe una autoridad fundamental: un Dios amoroso tal como se exprese en la conciencia de nuestro grupo. Nuestros líderes no son más que servidores de confianza. No gobiernan.

3. El único requisito para ser miembro de A.A. es querer dejar de beber.

4. Cada grupo debe ser autónomo, excepto en asuntos que afecten a otros grupos o a A.A., considerado como un todo.

5. Cada grupo tiene un solo objetivo primordial: llevar el mensaje al alcohólico que aún está sufriendo.

6. Un grupo de A.A. nunca debe respaldar, financiar o prestar el nombre de A.A. a ninguna entidad allegada o empresa ajena, para evitar que los problemas de dinero, propiedad y prestigio nos desvíen de nuestro objetivo primordial.

7. Todo grupo de A.A. debe mantenerse completamente a sí mismo, negándose a recibir contribuciones de afuera.

8. A.A. nunca tendrá carácter profesional, pero nuestros centros de servicio pueden emplear trabajadores especiales.

9. A.A. como tal nunca debe ser organizada; pero podemos crear juntas o comités de servicio que sean directamente responsables ante aquellos a quienes sirven.

10. A.A. no tiene opinión acerca de asuntos ajenos a sus actividades; por consiguiente, su nombre nunca debe mezclarse en polémicas publicas.

11. Nuestra política de relaciones públicas se basa más bien en la atracción que en la promoción; necesitamos mantener siempre nuestro anonimato personal ante la prensa, la radio y el cine.

12. El anonimato es la base espiritual de todas nuestras Tradiciones, recordándonos siempre anteponer los principios a las personalidades.

---

*Las Doce Tradiciones de A.A. fueron tomadas del libro *Alcohólicos Anónimos*, versión en español de la tercera edición del original en inglés, publicado por A.A. World Services, Inc., New York, N.Y., páginas 262-263. Reimpresas con el permiso de A.A. World Services, Inc.

Índice